講談社選書メチエ

719

名前の哲学

村岡晋一

MÉTIER

まえがき　名前——もっともありふれた不思議なもの

小学校に通いはじめたころ、犬が飼いたくてしかたがなかった。あまりしつこくせがむものだから、父が雑種の子犬をもらってきてくれた。毛が茶色と白のぶちだったので「チロ」と名づけた。チロが庭をよちよち歩きまわったり、ひざのうえで眠りこける様子がかわいくてたまらなかった。それまでより早起きになり、授業が終わるのが待ち遠しかった。そのチロが突然いなくなってしまった。家族みんなであちこち捜しまわったが、みつからない。ところが、ふたたびひょっこり帰ってきた。この小さな冒険者の帰宅をみんなそれは喜んだが、チロは重い病気に冒されていた。ゼイゼイ苦しそうに息をして、やがてよだれを垂らすようになり、庭のミカンの木の下で死んだ。

私があまりかなしがるので、見かねた父がこう言ってなぐさめてくれた。「そんなに泣くな、また代わりの犬をもらってきてやるから」。だが、私にはこのことばがなんとも腹立たしかった。だって、チロに代わりがいるはずはないのだから。だが、その「かけがえのなさ」を父に訴えようとして、はたと困りはててしまった。チロみたいにあんなに「かわいい」眼をした犬はいないと言っても、あんなに「性格のやさしい」犬はいないと言っても、チロの「かけがえのなさ」を表現するどころか、「代わりがきく」ことを証明してしまう。なにしろ、「かわいい」とか「性格のやさしい」とはどんな犬にも言えるし、ほかの動物にも、人間にだって言えるからである。せっぱつまった私は父にこう訴えた。「だって、チロはチロなんだから」。

私が言った二番目のチロは、あきらかに「チロ」という名前にすぎない。名前だけがチロの存在のかけがえのなさを表現するただひとつの手だてなのだ。チロがいなくなってほぼ六〇年がたとうとするいまでは、その思いがますます強くなっている。チロがどんな毛並みをしていたかという記憶も、そもそもオスだったかメスだったかという記憶さえ、ほとんど薄れてしまっているからである。それでも、家族で「チロ」が話題になると、六〇年前にチロとともにすごしたときのことがありありと思いだされてくる。チロに「死後の生」というものがあるなら、それはもっぱら「チロ」という名前によって支えられている。

そうは言っても、チロの「死後の生」はしょせんチロをじっさいに知っている私の「記憶」のうちにしかないのではないか。——そうとはかぎらない。これを読んだみなさんが、「チロ」のことを話題にしてくださったとする。みなさんはチロをまったく知らないにもかかわらず、「チロ」をめぐって交わされる会話は無意味ではないし、それどころか「チロ」は話題にされるたびに「生き返る」。「チロ」という名前はいわば偶然に「外から」やってくる。その名前はもとよりチロ自身が付けたものではない。私がチロの意向におかまいなくかってに付けたのである。茶色と白い毛のぶちに「ちなんで」いる「チロ」はまだしも、ペット保険会社による犬の名前ランキングの上位に入っている「ココ」、「モモ」などになると(「犬の名前ランキング2018」)、犬の具体的な性質をまるで反映していない。偶然に「外から」やってくるものが名前をもつものの「内側」にしっかりと入りこみ、その「永生」さえも保証するようになるとは、いったいどういうことだろうか。

事物の名前

「名前」とは、もっともありふれていながら、きわめて不思議なものである。まず不思議なのは、まわりを見ればどんなものにも「名前」があるということだ。世界はじつに多様なものに満ちているのに、そのすべてを名前で呼ぶことができる。現代社会では次々に新しいものが生みだされるが、それらもただちに名前にまといつかれてしまう。世界のどこまで行っても名前をもたないものには出会えそうにない。

二〇世紀ドイツの哲学者マルティン・ハイデガーが自慢するところによれば、西洋では「形而上学」という風変わりな学問が古代ギリシア以来絶えることなく営まれてきた。この学問のどこが風変わりかと言えば、たとえば物理学は物理現象を、生物学は生命現象をというぐあいに、科学が特定の対象を専門的に研究するのにたいして、形而上学はそんな限定をいっさい付けずに、ありとあらゆるものを対象にし、しかも、そのありとあらゆるものが「ある」とはどういうことか、「存在とはなにか」を考えるからである。形而上学のこの問いかけにたいして、「存在するとは名前をもつということだ」と答えることもできそうだ。事物の存在と名前の関係は、このようにきわめて緊密だが、一般名詞（general nonus）よりも固有名詞（proper nonus）のほうがいっそう緊密である。なにしろ、一般名詞は複数のものをひとつのグループにまとめておいて、それらを十把一絡げに名指すという怠慢なことをするが、固有名詞は事物の一つひとつを几帳面に名指すからである。

人の名前

名前とそれが名指すものの関係は、固有名詞のなかでも「個人の名前」つまり「人名」においてさらに濃密になる。われわれは自己紹介するときに名前をまず言うし、自分の名前が侮辱されれば、自分自身が侮辱されたかのように腹が立つ。マレーシア領ボルネオ島のカイアン族は、命名式以前に死んでしまった赤ん坊を家族の一員と認めない。母親は子どもの喪に服することができない。名無しの子どもは不名誉であり、タブーなのである。彼らは男の子であれば“Angat”と呼ばれ、女の子であれば“Endun”と呼ばれる。“Angat”は「小さな芋虫」、“Endun”は「私は知らない」という意味らしい。名無しの子どもは人間あつかいさえしてもらえない。世界のさまざまな民族のなかには、自分の本名を他人に明かすことをタブーとするものもある。自分の本名を他人に知られ、その名前で呼ばれると、他人に自分の魂を奪われ、完全に支配されてしまうからである。「名前」は当人にもっとも「近いもの」であり、彼のアイデンティティの本質的な部分をなしている。

ところが他方、名前は当人にもっとも「遠いもの」でもある。人名はたとえじっさいには同じ名前の人が何人いようとも、本質的には世界中でただ一人を名指すことばである。それはいわば当人の独占物である。それなのに、人名はすべてのことばのなかで当人が自由に使えない唯一のことばでもある。自分でかってに名乗れば、「詐称」とみなされる。それをやるのは詐欺師ぐらいのものだ。人は自分の名前をかならず他人からもらい受けなければならない。さらに、私の名前は私を名指すはずなのに、私は自分にかんする発言にそれを使えない。たとえば、「私はきのう公園に行った」という発言を、「村岡はきのう公園に行った」という発言に置き換えるわけにはいかない。そんなことをすれば、「村岡とはだれのこと?」と聞きかえされるにちがいない。私の名前はもっぱら「他者」によってのみ使われるためのことばなのである。

神様の名前

事物や人に名前があるのはまあいいとしても、神様にまで名前があるのはどういうわけだろう。そもそもいったいだれが神様に名前を付けるのか。それが人間なら冒瀆《ぼうとく》というものである。なぜなら、それは神様を人間のレベルにまで引きずり下ろすことにほかならないからだ。神様にふさわしい名前など人間に付けられるわけがない。人間には神様のほんとうのありかた(本質)を知ることなどできないからである。

名前が冒瀆にならないのは、神様自身がみずからの名前を人間に告げてくれるばあいだけである。しかし、神様はなぜわざわざ人間ごときに名前を教えてくれるのだろう。神様は人間に呼びかけてほしいのだろうか。神様は人間と関係することを必要とするのだろうか。もしそうなら、神様が名前をもつということ自体、神様の自立性をそこなうことである。たしかに、ユダヤ教の聖書においては、神はシナイ山上でみずから名前をモーセにあかしたし、神の名前は神と同じぐらい神聖なものとされてきた。人びとはそれをみだりに口にしてはならなかった。ところが、あまりに神の名前を神聖視したため、長いあいだにいったいそれをどう発音していいのかがわからなくなってしまった。ユダヤ教の神はみずからに呼びかけるように名前を教えてくれたのに、それが神の名前であるがゆえにどう呼びかけたらよいのかわからなくなったのである。

名前と名前が語ること

さきほど名前は世界のすみずみまで覆い尽くしているといったが、しかし同時に、名前はみずからがつくりだした言語のベールをみずから引き裂き、言語を超えた深淵をのぞき込ませる不気味なものでもある。言語の使命が「名指す」ことにあるとすれば、固有名詞や個人名ほどこの使命を的確に果たしていることばはない。なにしろ、それは目の前にあってありありと「見る」ことができるものにかかわるからだ。しかし、目の前に見ているそのものが「なんであるか」を言い表わそうとすると、ただちに困ったことになる。伝統的な考えかたによれば、たとえば「くだもの」という概念(つまり一般名詞)は、このリンゴやこのミカンやこのナシといった個物を見くらべて抽出した共通の特徴(たとえば、樹木に生《な》るとか、湿り気があるといったこと)をその内容としている。したがって、一般名詞はみずからが名指すものにかんして、それは樹木に生るとか、湿り気があるとか語ることができる。ところが、固有名詞の対象は唯一のものであり、それそのものをひたすら名指すだけなので、名指しているものについて「語る」ことができない。言語は固有名詞においてみずからの本領をもっとも発揮すると同時に、みずからの限界にも出会う。名前は語りうることと語りえないものの境界線上にある。

このように、「名前」というものは、「近さと遠さ」、「自己と他者」、「内部と外部」、「語りうることと語りえないこと」といった従来の二項対立ではうまく説明できない不思議なありかたをしている。

すべてのものが名前をもつというのはよくよく奇妙な事態なのである。

「名前の哲学」

じっさい、名前は西洋の伝統的な言語観や世界観のカテゴリーではうまく処理できないやっかいものだった。だが、このやっかいものの「名前」をあえて思索の中心に据えてみたらどうだろう。その窓から外をのぞいてみれば、これまでとはまったく違った光景が、すくなくとも西洋的な考えかたになじんでいるわれわれには思いがけない光景が見えるのではないか。しかも、よくよく考えてみれば、こちらの光景のほうがわれわれの日常生活にはなじみやすいかもしれない。なにしろ、「名前」こそは日常生活においてもっともありふれたものなのだから。

本書の構成

そこでまず、第1章「名前の哲学史」では、西洋哲学において「名前」がどのように論じられたかをふりかえってみよう。哲学史上はじめて「名前」を哲学の対象としたプラトンとアリストテレスを、そして思いきって時間を超えて二〇世紀の分析哲学系の思想家たちをとりあげる。それによって、名前が西洋的な言語哲学にとってそのスタートから近年の研究にいたるまで、どれほどなじみにくいものでありつづけてきたかがあきらかになるだろう。

次に、こうした従来の西洋的な枠組みを超えて、名前にたいしてまったく新しいアプローチを試みた三人の思想家をとりあげる。ルートヴィヒ・ヴィトゲンシュタインは「生活形式」（第2章）、フランツ・ローゼンツヴァイクは「対話」（第3章）、ヴァルター・ベンヤミンは「純粋言語」（第4章）というそれぞれ独自の視点から、名前を解明してみせた。そして、そのさい彼らは名前論の舞台を「真理論」から「共同体論」へと移しかえている。

最後に終章では、こうした名前の哲学がわれわれの日常生活にどのようなことを教えるかを語ることにしよう。

目次

第1章

名前の哲学史

古代ギリシアから二〇世紀まで

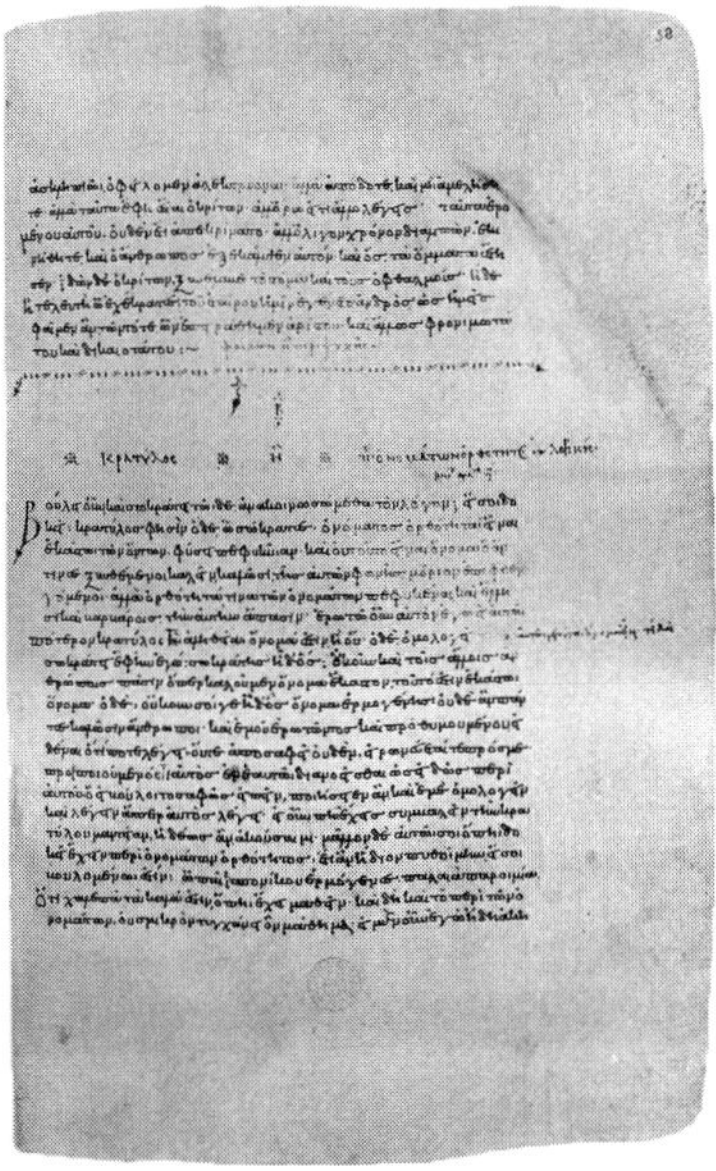

プラトン『クラテュロス』（九世紀末の写本、オックスフォード大学蔵）

西洋の伝統的な言語哲学は、言語本来の使命は「真理を語ること」にあると一貫してみなしてきた。この立場からすれば、言語の主役はどうしても「命題（文）」になる。「犬」という名前それ自体は真でも偽でもない。「犬は動物である」という命題のかたちを取ってはじめて、真偽の区別が生まれる。しかも、命題に含まれる名前（このばあい「犬」と「動物」）は一般名詞であることが望ましい。真理は普遍的で永続的なものでなければならないからである。「ソクラテス」が指す対象ははかなく移ろいやすく、やがて死んでしまうが、「人間」は死ぬことがない。西洋の言語思想にとって「固有名詞」は、その図式にうまくなじまない。

では、そんなものは無視すればいいかというと、そうもいかない。文が「真理」を語るためには、文が語ることが現実の事態に対応していなければならない。「私の庭のバラは赤い」という文は、私が庭に出ていき、そこに咲いているバラを観察して、それがじっさいに赤かったら、真理を語っている。しかし、世界の現実ともっとも直接にかかわれるのは「固有名詞」だけである。したがって「固有名詞」は、言語の表舞台には登場できないが、裏方としてかならず背後にひかえていなければならない。

第一節　プラトンとアリストテレスの名前論

プラトン『クラテュロス——名前の正しさについて』

西洋言語思想のこうした特徴は、紀元前四世紀に言語をはじめて哲学的に論じたプラトン（前四二七―前三四七年）の『クラテュロス』にすでにはっきりと現われている。

この対話篇では、名前とその対象のあいだに必然的関係があると主張するクラテュロスの「言語本性説」と、両者の結びつきは恣意的であり、人間どうしの「取り決めと同意」にすぎないとするヘルモゲネスの「言語慣習説」のどちらが正しいかを、ソクラテスが判定するという展開になっている。常識的に考えれば、クラテュロスに勝ち目はなさそうだ。外国語を学んだ人なら、山を「やま」と呼ぶことになんの必然性もないことはすぐにわかる。ところが、ソクラテスは意外にも彼に軍配をあげる。理由はこうである。

ではどうだろう。ぼく個人が有るものを何であれ、例えば現在われわれが人間と呼んでいるものをだね、それをぼくが馬と呼称することにして、そして現在馬と呼ばれているものを人間と呼ぶことにするならばだ、同一のものに対して公共的には人間という名前があり、私的には馬という名前があることになるだろうね。（三八五A、プラトン　一九七四）

要するにソクラテスが言いたいのは、ヘルモゲネス説を取れば、真偽の区別が不可能になるということである。われわれが「人間」と呼ぶものを「馬」と呼ぶような私的言語を話す人がいれば、「馬は四本足である」は、われわれにとっては真理でも、彼にとっては偽を語っていることになる。そうなれば、「真理を語ること」という言語の使命はだいなしになってしまうだろう。ソクラテスはいま引用した文のすぐあとにこう続ける。

よろしい。さあ、それでは、次の点に答えてくれ給え。真実を言うということ〔アレテー・レゲイン〕と、虚偽を言うということ〔フェウデー・レゲイン〕が、あると君は認めるかね。（三八五B、同書）

それでは、クラテュロスの「言語本性説」が正しいとして、名前と対象のあいだにどんな必然的な関係があるのだろうか。プラトンは「模倣説」という奇妙な考えをもちだす。

名前とは、模倣される対象の音声による模造品である。（四二三B、同書）

たとえば、子音rは、“rhein（流れる）”，“rhoē（流れ）”，“tromos（震え）”などの語に使われることからわかるように、「あらゆる動きを表現するためのいわば道具」（四二六C、同書）であり、子音dとtは、舌を「圧縮し、歯の裏側へ押しつける作用をもっているので、束縛と静止を模倣する」（四二七A—B、同書）のにふさわしい、といったぐあいである。名前をあくまで「真理を語ること」という前提のもとに論じようとすると、こんな極端な見解をとらざるをえなくなる。

アリストテレス『詩学』——名前と「意味」

プラトンの弟子アリストテレス（前三八四―前三二二年）は、さすがにそんな極端な見解は取らないが、彼の言語観はあきらかにプラトンの「模倣説」の延長線上にある。『命題論』の冒頭に、言語についての有名な定義が見いだされる。

声に出して話される言葉は、魂において受動的に起こっているものの符号であり、書かれている言葉は、声に出して話される言葉の符号である。〔…〕これに対して、音声は第一に、魂がもつ受動的なものの記号であるが、この受動的なものはすべての人にとって同じものである。また魂がもつ受動的なものは事物・事態の類似物であるが、事物・事態はもとよりすべての人にとって同じものである。（『命題論』第一章一六a、アリストテレス 二〇一三）

世界も霊魂も人類に共通であり、言語は霊魂による世界の「模倣」であることによって、人類に共通な普遍的「真理」が保証されるわけである。

それでは「名前」はどうだろう。彼は『詩学』において、さまざまな品詞を分類・定義し、そのさい名前（オノマ）は、文（ロゴス）と、字母（ストイケイオン）および音節（シュラベー）とのあいだに置く。字母や音節が「意味をもたない音声」（『詩学』一四五六b）であるのにたいして、名前はこう定義される。

「名指し言葉（オノマ）」とは、合成されてできている・意味をもった〔セマンティケー〕・時間の観念を伴わない音声であり、それを構成している一つ一つの部分がそれ自身単独では、どれ一つとして意味をもたないところのものである。（一四五七a、アリストテレス　一九七二）

たとえば、“mountain”という名前を構成しているmとかuとかいう字母の音を聞いてもなんのイメージも湧かないが、“mountain”という音声を聞けば特定のもの（つまり山）をイメージできる。

次に、文の定義はこうである。

「文（ロゴス）」とは、合成されてできている・意味をもった音声であって、それを構成しているいくつかの部分がそれ自身単独で、何らかの意味をもっているところのものである。（同上）

名前が文と同じく「意味をもった音声」であるにもかかわらず、文と区別されるのは（アリストテレスはここでは明確に語っていないが）真偽の区別をもたないからである。それにもかかわらず、文は名前を必要とする。「それを構成しているいくつかの部分がそれ自身単独で、何らかの意味をもっているところのもの」とは、名前（オノマ）と動詞（レーマ）であり、これらがなければ文そのものが意味をもたなくなるからである。アリストテレスにとって、「名前」は文の「外部」であると同時に「内部」でもある。

プラトンとアリストテレスの言語と名前についてのこうした考えかたの基本的特徴は一九世紀にいたるまでほとんど変わらなかった。そこで一挙に二〇世紀に移ることにしよう。

第二節　分析哲学の固有名詞論

二〇世紀の西洋哲学の顕著な特徴のひとつは、「言語」が哲学的考察の中心に躍りでたことである。すでに述べたように、言語の本領は「真理を語ること」であり、名前は「事物の模造品」とされてきた。だがそうだとすれば、言語を介してではなく直接事物にアプローチできれば、そのほうが純粋な「真理」に近づけるはずである。じっさいプラトンは「模倣説」を展開したあと、こう問いかける。

名前を通じて可能なかぎりは事物を学ぶことができるし、他方また事物自身を通じてもできるとするならば、どちらの学び方が、よりすぐれた、より精密なものなのだろうか。（四三九、プラトン 一九七四）

クラテュロスはこの問いにこう答える。「それは実物に依る方であるのが必然だと、ぼくには思えます」（同上）。

この「実物から学ぶ方法」はテオーリア（θεωρία）と呼ばれる。テオーリアとはものを見ること、観察すること（θεωρέω）だが、目のような感覚器官を頼りにせずに、いわば心の目、精神の目で見ることである。そこで「観想」とか「観照」と訳される。たとえば瞑想を考えてみよう。瞑想のばあいにはたいてい目をつぶり、沈黙する。理論（theory）もテオーリアに由来する言葉だが、理論もまたできることなら言語なしにすませたいと考えている。たとえば、物理学をモデルとする近代科学には、数学的に表現された理論こそが、つまり日常言語のあいまいさから解放された理論こそが、真の理論に値するという信仰が根強くある。

したがって言語はせいぜいのところ、思弁的思考がたどりついた認識の成果（真理）をあとから表現し伝達する外的な手段であるか、文法が不規則で多義的であるために哲学的真理の純粋性を濁らせたりゆがめたりするいわば「濁った鏡」にすぎなかった。

ところが二〇世紀になると、人間の思考はよかれあしかれ言語という媒体のうちで営まれ、つねに言語に制約されており、人間の思考は原理的に「言語的思考」であることが認められるようになる。「言語」は「真理」の外的な衣装ではなく、むしろ「真理」のほうが「言語」のうちに宿るのである。そうだとすれば、「真なる認識」を得るには、まず「言語」が解明されなければならない。フェルディナン・ド・ソシュール（Ferdinand de Saussure）（一八五七―一九一三年）の共時的言語学、エルンスト・カッシーラー（Ernst Cassirer）（一八七四―一九四五年）のシンボル形式の哲学、エドワード・サピア（Edward Sapir）（一八八四―一九三九年）とベンジャミン・リー・ウォーフ（Benjamin Lee Whorf）（一八九七―一九四一年）の言語相対論などは、こうした「言語的思考」の独創的な展開である。

しかし、そのなかでも「言語」を中心に据えて、もっとも精密な方法で考察したのは、イギリスに生まれた「分析哲学」である。分析哲学はその方法を駆使して「固有名詞」の分析に着手した。分析哲学の功績は、言語がいかにして真理を表現できるかを考察するうちに、従来の真理概念が維持できないことに気づき、新しい真理概念への一歩を踏みだすことによって、「名前」に新しい光をあてたことにある。以下では、分析哲学の名前論の展開を追跡しよう。

1　ジョン・スチュアート・ミル『論理学体系』

二〇世紀に入って、分析哲学は「固有名詞」の考察に着手するが、その議論の前提はイギリスの哲学者ジョン・スチュアート・ミル（John Stuart Mill）（一八〇六―七三年）の『論理学体系』（全六巻、一八四三年）にさかのぼる。ミルは第一巻「名辞論と命題論」の第二章「名辞について」において、「名辞[1]（name）」を詳しく分類して、「固有名詞」だけは名辞の仲間はずれであることをあきらかにする。そしてミル以後この仲間はずれの固有名詞をどのように考えるかが課題になる。

ジョン・スチュアート・ミル

とはいえ、ミル自身にとって名辞の分類と分析はあくまで派生的なテーマにすぎなかった。ミルの『自伝』によれば、彼の論理学研究は一八二五年に定期的におこなわれた仲間たちとの勉強会に始まるが、そのテーマは「命題の意味の解釈」（ミル 二〇〇八、一〇三頁）にあった。彼は一八三〇年初頭にふたたび論理学について深く考えはじめるが、そのときある疑問が彼の頭を悩ませた。

実際にそうやって真理が発見された事実は、疑う余地がない。またあらゆる推論は三段論法に帰着すること、三段論法では結論は前提に含まれ暗示されることも、ほとんど疑う余地はない。では、そのような結論がどうして新しい真理となりうるのか。（同書、一五五―一五六頁）

ミルの名前論の一般的前提

この疑問からわかるように、ミルの関心はあくまで「真理」とそれを語る「命題」にある。『論理学体系』は三段論法を論じる第二巻が完成されたあとに、第一巻が書かれたらしい（ミル 二〇〇八、一五六頁）。それではどうして「名辞」が問題になるのか。これまで「論理学」は「推論の学」とされてきた。「推論」とは、たとえば「人間は死ぬ」→「ソクラテスは人間である」→「したがって、ソクラテスは死ぬ」といった三段論法が典型的に示すように、命題間の関係だけを問題にする。だがそうなると、アリストテレス以来論理学があつかってきた「命題」そのものやその構成要素である「名辞」の分析は含まれず、概念（名辞）→判断（命題）→推論という論理学の「体系」が成りたたなくなってしまう。そこで、彼は論理学の定義をこう拡張する。

論理学は真理追究における人間悟性の諸作用を論じる学である。（ミル 一九四九、八頁。以下、訳文は同書に依るが、旧字、旧仮名遣いは新字、新仮名遣いにあらため、文章も現代風にあらためた）

これならば命題も論理学であつかえる。というのも、「すべての真理もすべての誤謬も〔まずは〕命題の内にある。我々が真理と呼んでいるものは、単に真なる命題のこと」（同書、二七頁）だからである。三段論法が真理の探究として意味をもつためには、最初の命題「人間は死ぬ」（大前提）がまずもって真理でなければならない。

ところで、すべての命題はすくなくとも主語と述語という二つの名辞を含んでいなければならない。「命題とは、あるものについてあるものを肯定又は否定している言説のこと」（同書、二八頁）である。

では、命題の主語と述語になる「名辞」はどうだろうか。名辞はそのままでは論理学の仲間はずれになってしまう。名辞そのものはいまだ真理でも誤謬でもないからである。

例えば「太陽」と私が言うとする。この言葉は一つの意味を持って、私が言うのを聞いたすべての人の心に、その意味を伝える。しかしそれが真であるかどうか、彼はこれを信じているかどうかを彼にたずねても、彼は答えることができない。信じるべきもの、又は信じ得ないものは、そこにまだ存在しないからである。（同書、三〇頁）

つまり、「太陽」という名辞は「意味」をもってはいても、真でも偽でもなく、「太陽は東から昇る」という文になってはじめて真偽が問題にできるのである。それでは、名辞が論理学つまり真理探究の仲間入りをするためにはなにが必要だろうか。そのためには、名辞はそれが意味するものとの関係において考察されなければならず、しかも、名辞が意味するものは「われわれが心に抱く観念」ではなく、外なる「事物」でなければならない。

たとえば、「太陽が昼の原因」であると私が語るときそれが意味しているのが、太陽について私の抱く「観念」が昼の「観念」を私の心にひき起こすというだけなら、私は自分の心のうちに起こっている心理的な事実を語っているだけであって、それ自体は真理でも誤謬でもない。太陽という物理的「事実」が昼という物理的「事実」をひき起こすということが語られていてはじめて、それを肯定したり否定したりすることができ、そのときはじめてその発言は「命題」になる。名辞が真理探究に貢献するには、「事物を表示する名前」でなければならない。それでは、名前は事物をどのように表示するのか。名辞のさまざまな種類を区別して、それぞれに固有な事物との表示関係をあきらかにするのが、ミルの『論理学体系』第一巻第二章「名辞について」の課題である。

一般名辞と個別名辞

ミルはまず、「一般名辞（general names）」と「個別名辞ないし単一名辞（individual or singular names）」を区別する。

一般名辞は、その普通の定義によると、不特定多数の事物の各々について、同じ意味において真であるとして肯定されることのできる名辞である。個別又は単一名辞は、一箇の事物についてのみ、同じ意味において真であるとして肯定されることのできる名辞である。（ミル 一九四九、四一頁）

たとえば、「人間」ということばは、ジョンにも、ジョージにも、メリーにも、そのほか多くの者に、真であるとして肯定され、そのいずれにも同じ意味で肯定される。というのも、「人間」はある一定の性質を表わし、これが語られるときには、彼らすべてがそれを共有していることを主張するからである。しかし「ジョン」ということばは、すくなくとも同一意味では、ただ一人についてしか肯定できない。なぜなら、この名辞をもつ人は多いけれども、この名辞がこれらの人びとに付けられるのは、彼らに共通するなにかを指示するためではないからである。

ここで注意しなければならないのは、ミルの言う「個別名辞（individual names）」はけっして「固有名詞（proper names）」ではないということである。たとえば「征服王ウィリアムの後継者である王」とか「ローマ最初の皇帝」はただひとつの対象を意味するから個別名辞だが、あきらかに固有名詞ではない。「王（the king）」という純粋な一般名辞でさえ、文脈しだいでただ一人の個人を指すことができ、そのばあいには個別名辞となる（同書、四一―四二頁）。

具体名辞と抽象名辞

次にミルは「具体名辞（concrete names）」と「抽象名辞（abstract names）」を区別する。

具体名辞は事物を表わす名辞で、抽象名辞は事物の属性を表わす名辞である。「ジョン」や「海」や「この机」は事物の名辞である。「白い」というのは事物の名辞、あるいはむしろ多くの事物の名辞である。ところが、「白さ」はこれらの事物の性質又は属性の名辞である。（同書、四三頁）

「白い」は、「雪は白い」とか「牛乳は白い」というふうに、命題の述語になれるので名辞である。しかも、「雪は白い」は、「雪が色であること」を意味するのではなく、「雪が〔白という〕色をもつ事物であること」を意味している。つまり、「白い」は具体名辞である。それにたいして、「白さ」という言葉は、雪そのものではなく、雪の色について言われる。じっさい、「白さは雪の色である」とは言えるが、「白さは雪である」とも「雪は白さである」とも言えない。したがって、「白さ」はもっぱら色という属性の名辞であり、抽象名辞である。

これまでなんらかの抽象化や一般化の作用によって生じる名辞はすべて「抽象名辞」と呼ばれてきた。たとえば一七世紀イギリスの哲学者ジョン・ロックによれば、「抽象〔…〕によって、個々の存有者《もの》から取られた観念は、同種類のすべてのものの一般的代表となり、その名まえ、すなわち一般名が、そうした観念に合致して存在するどんなものにも当てはめられる」（ロック 一九七二、二二七—二二八頁（第二巻第一一章第九節））。それにたいして、ミルはそれを属性の名辞だけに限定する。これは次の区別にとって重要な意味をもってくる。

共指示名辞と非共指示名辞

最後にミルは「共指示名辞（connotative names）」と「非共指示名辞（non-connotative names）」という有名な区別を挙げる。彼によれば、この区別は言語の本質に深く根ざしているもっとも重要な区別である。定義はこうである。

非共指示名辞は実体のみ、又は属性のみを意味する名辞である。共指示名辞は実体を指示し、属性を含意する名辞である。実体とはここでは属性を所有する事物のことである。（同書、四七頁）

「ジョン」や「ロンドン」や「英国」などは、実体のみを意味し、「白さ」、「長さ」、「徳」（といった抽象名辞）は属性のみを意味する。したがって、これらの名辞はいずれも共指示名辞ではない。それにたいして、「白い」、「長い」、「有徳な」は共指示名辞である。「白い」という言葉は雪や紙などのすべての白い「実体」を指示し、それと同時に、「白さ」という「属性」も含意する。スコラ哲学の言葉を使うと、“connote（共指示）”する。共指示名辞は対象を指示すると同時に、その対象が「なんであるか」も同時に語るのである。こうした定義からはまず次のような結論が出てくる。

すべての具体的一般名辞は共指示名辞である。（同書、四八頁）

たとえば「人間」という言葉は、ピーター、ジェーン、ジョンなど無数の事物を指示する名辞（具体名辞）であり、それらをひとつの部類としてまとめる名辞（一般名辞）でもある。しかし、この名辞は同時に、彼らが（人間という）ある一定の属性を共有していることも語っている（同書、四八頁）。

それでは、一般名辞ではなく「具体的な個別名辞」はどうだろうか。これもまた共指示的名辞になりうる。たとえば「ジョン・スタイルズの一人息子」とか「最初のローマ皇帝」などがそうである。

さらに先の定義では「非共指示名辞は実体のみ、又は属性のみを意味する名辞である」と言われていたが、そのあとミルは、後者の名辞を非共指示名辞の仲間から除外してしまう。「抽象名辞」でさえばあいによっては共指示名辞になりうるというのである。

なぜなら属性自身が自分に属性を持っており、従って属性を指示する言葉がこれらの属性を共指示し得るからである。例えば「欠陥」という言葉は、「悪い」又は「有害な性質」とでも言うべきものである。この言葉は多くの属性に共通な名辞で、幾多の属性の中の一つである「有害」という性質を共指示する。(同書、四九頁)

この理由はあまり説得的だとは思えないが、結局のところ名辞一般は次のように要約することができる。

名辞は直接には主体を、間接に諸属性を意味するのである。それは、主体を指示し(denote)、属性を含意し、包含し、示唆し、共指示する(connote)。(同書、四八―四九頁)

固有名詞

そうなると残るのは、ジョンとかピーターといった「固有名詞(proper names)」だけである。ミルによれば「固有名詞」だけはまったくの仲間はずれである。

固有名詞は共指示名辞ではない。（ミル　一九四九、五〇頁）

固有名詞はただひとつの個物を指示する（denote）だけであり、それらがどのような性質をもち、どのようなありかたをしているかはまったく共指示（connote）しない。たとえば、「ローマ最初の皇帝」と「オクタヴィアヌス」という名辞を考えてみよう。どちらもただ一人の同じ人物を指示している。ところが前者においては、この言葉を聞いただけでこの人物がどんな人であるかがただちにわかるのに、「オクタヴィアヌス」という固有名詞の字面だけからではけっしてそれを知ることができない。それを知るには歴史的知識が必要である。

たしかに、固有名詞が名づけられるさいにはそれなりの理由があったにちがいない。しかし固有名詞は、一度与えられると、その「謂われ」が変化したり、なくなったりしても、依然として存在しつづける。たとえば、ある町が「ダートマス（Dartmouth）」と呼ばれたのは、ダート河の河口にあったからだろう。しかし、砂が河口をせき止めたり、地震が河の流れを変えたりして、河口が町から遠ざかっても、町の名前はおそらく変更されない。町はあいかわらず「ダートマス」のままである。したがって、ダート河口に位置することが、「ダートマス」という言葉の意味ではない。固有名詞は対象自身に付けられたものではあっても、対象の属性が持続しているかどうかに関係がない（同書、五〇頁）。

固有名詞の機能

固有名詞がただ事物を指示するだけなら、それはいったいなんのためにあるのか。その機能とはなにか。ミルはこう答える。ある子供がポールと呼ばれ、一匹の犬がシーザーと呼ばれるのは、それによってこの子供や犬を話題にできるからであり、名前はそのための記号にすぎない。固有名詞はいわば、あの「アリババと四〇人の盗賊」の物語のなかで、盗賊が白墨で家につける目じるしに似ている。固有名詞は対象を識別するためのたんなる無意味な目じるしにすぎないのである。しかし、それは事物自身に付着しているわけではないのだから、どうしてそうした識別の機能を果たせるのだろうか。じっさい、物語のなかでは利口な女性であるモルジアナは、どの家にも同じ白墨のしるしを付けて盗賊のもくろみをくじく。

そうだとすれば、固有名詞は「これ」とか「それ」といった指示代名詞に似ている。しかし、私が「これ」という指示代名詞を使うとき、私と、私がこのことばによって指示する対象と、このことばを聞きとる人が、ともに同じところに居合わせていなければならない。ところが、指示代名詞とはちがって、固有名詞は対象が不在のときでも使える。そうでなければ、歴史上の人物は固有名詞では語れない。そこでミルは、固有名詞の指示機能（denotation）を救おうとして、次のような新たな提案をする。

我々はこれ〔固有名詞〕を我々の心の内で対象の観念と結びつけ、この目じるしが我々の眼に触

れるとき又は我々の思考の内に起るとき、我々はその個別の対象を考える機因とする。(ミル　一九四九、五四頁)

しかし、この主張は冒頭に掲げられた名辞の定義に反している(本書、二六頁参照)。名辞が「真理の追究」に役だつためには、事物の「観念」ではなく、「事物そのもの」を表示しなければならないはずであった。この定義を守るなら、固有名詞は「名辞」でさえなく、真理の探究にはかかわらない言語装置になってしまうだろう。

そこでかりに唯一の例外を認めて、固有名詞だけは事物ではなく、事物の「観念」にかかわるとしてみよう。それでもやはり、新たな問題がもちあがる。たとえば、あるときある人物を紹介されて、その人の名前が「村岡」であることを知ったとしよう。ミルによれば、その人物のイメージがその名前とともに私の心に刻みこまれる。次に別のあるときに、私は「村岡」という固有名詞を聞いたり、それが頭に浮かんだだけで、その人物の具体的なイメージが連想的に浮かんでくる。だが、私の心に刻みこまれたその人物のイメージは、ある特定の時に特定の場所で生まれた特定のものである。私が次にこの人物に出会うまでに歳月が流れてしまえば、私がもっている彼のイメージと実際の彼とはずいぶん違っているにちがいない。そうなると、私はもはや彼を「村岡」とは呼べず、彼を識別できなくなるはずだ。だがじっさいには、「村岡」という固有名詞はその人物がどう変化しようと執拗な持続性を保ちつづける。そうだとすれば、固有名詞にも指示機能(denotation)だけではなく、やはりなんらかの共指示機能(connotation)を認めざるをえないのではないだろうか。

2　ゴットロープ・フレーゲ「意義と意味について」

固有名詞に指示機能だけでなく、共指示機能をも認めることから出発して、名前論を展開したのが、ドイツの哲学者にして数学者ゴットロープ・フレーゲ（Friedrich Ludwig Gottlob Frege）（一八四八―一九二五年）の有名な論文「意義と意味について」（一八九二年）（フレーゲ 二〇一三、五一―五八頁）である。

この論文におけるフレーゲの結論を先取り的に要約しておこう。彼はまず第一に、固有名詞に指示と共指示の両機能を認めたばかりに、固有名詞の地位にかんしてミルとはまったく対照的な結論にたどりついてしまう。ミルにおいて固有名詞は名辞の唯一の「例外」であり「端役」であったのに、ここでは突然すべての名辞の「主役」に躍りでる。固有名詞はほかのすべての記号表現の典型であり、すべての記号表現は固有名詞の代理にすぎないのである。第二に、固有名詞にはたしかに指示と共指示が与えられるが、さしあたり認められるのは共指示機能だけであり、指示機能は認められないこともありうる。そこで、フレーゲは記号表現に「真理」機能を保証するために、ミルと同じように結局はイメージ、つまり「表象」をもちださざるをえなくなる。なぜそのようなことになるのかを見てみよう。

a＝aとa＝bが意味するもの

フレーゲはいかにも数学者らしく、ａ＝ａとａ＝ｂという二つの等式がいったいなにを意味しているかという、固有名詞にはかかわりのなさそうな問題から出発する。ａとｂが指示機能しかもたないとしよう。そうだとすれば、ａ＝ｂが語っていることは、ａが名指している「対象」とｂが名指している「対象」が同じだということである。そうなると、それはａ＝ａが語っていることと区別がつかない。ａ＝ａもまた、同じａを使っている以上、それが名指している「対象」は同じだと語っているはずだからである。

ところが、二つの等式を確かめるために必要な手続きはまったく異なる。ａ＝ａのばあい、同じ記号を使っているから名指している対象も同じだというのはいわば「あたりまえ」であって、ただちに理解できる。だが、ａ＝ｂはそうはいかない。異なる記号を使っているからにはそれが名指す対象も異なっている。だが、この等式は異なるはずの対象が同じだと語っているのだから、この主張はけっしてあたりまえではなく、それを確認するには二つの対象のところに赴いて、わざわざ調べてみなければならない。カント的に言えば、「ａ＝ａはアプリオリに妥当し、分析的と呼ぶべきなのに、ａ＝ｂという形式をもつ文は、しばしばわれわれの認識の非常に価値ある拡張を含み、必ずしも常にアプリオリに根拠づけうるとはかぎらな

ゴットロープ・フレーゲ

い」（フレーゲ 二〇一三、五頁）。二つの等式はなにか違ったことを語っているにちがいない。フレーゲは次のような例を挙げる。

> a、b、cが、それぞれ三角形の各頂点とその対辺の中点とを結ぶ線分であるとしよう。このとき、aとbとの交点は、bとcとの交点と同じである。したがって、われわれは同一の点に対して二つの異なる表記をもつことになる。そして、これら二つの名前（つまり、「aとbとの交点」と「bとcとの交点」）は、また同時に、表示されたものの与えられる仕方をも示す。（同書、七頁）

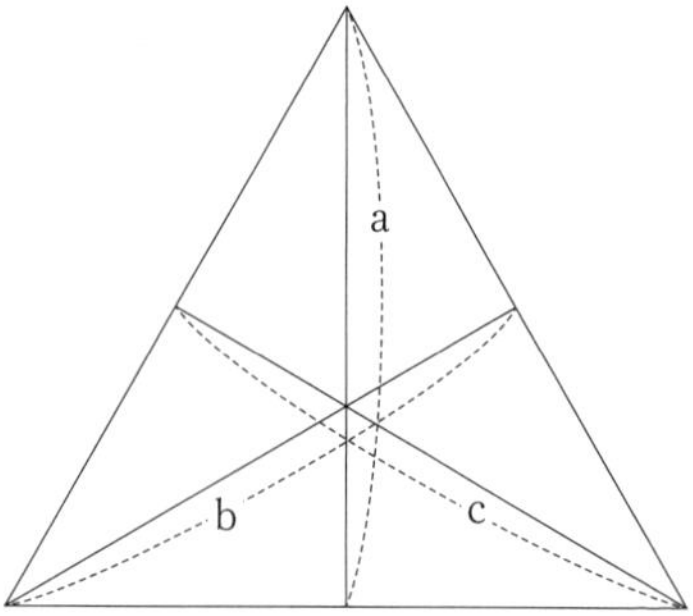

「aとbとの交点」と「bとcとの交点」はたしかに同じただひとつの点を示しているが、その点の「与えられかた」や「性質」が異なるとすれば、記号全体がなにかを指示すると同時に、その与えられかたも示すと考えたらよいのではないか。フレーゲは前者を記号の「意味（Bedeutung）」、後者を記号の「意義（Sinn）」と呼ぶ。そこで、二つの等式a＝aとa＝bについての正しい解答はこうなる。

> a＝bならば、「b」の意味は「a」の意味と同一であり、したがってまた、「a＝b」の真理値

は「a＝a」の真理値と同じである。しかしながら「b」の意義は、「a」の意義と異なりうるのであり、したがって、「a＝b」において表現されている思想も、「a＝a」によって表現されている思想とは異なりうる。（同書、四三頁）

さらにフレーゲはこの区別を数学的記号だけではなく、すべての記号表現に適用できると考えている。そのためにもちだすのが「宵の明星」と「明けの明星」の例である。両者の意味（Bedeutung）は同じであり、金星という同じひとつの惑星だが、これらの表現の意義（Sinn）は同じではない。「宵の明星」は「夕暮れに明るく輝く星」であるのにたいして、「明けの明星」は「夜明けに明るく輝く星」である。ところが、ここから次のような意外な帰結が生じる。

以上の脈絡から明らかなことであるが、私がここで「記号」や「名前（Name）」ということで理解しているのは、固有名詞（Eigenname）の代理となる何らかの表記であるということ、そしてそれゆえに、その表記の意味は特定の対象〔…〕であり、〔…〕概念や関係ではまったくないということである。（同書、八頁）

すべての名前は固有名詞である

フレーゲによれば、すべての名前は「意味（Bedeutung）」と「意義（Sinn）」をもっている。「意味」はその名辞が指示する対象であり、「意義」はその対象が「なんであるか」を説明する。「犬」や

「水」といった一般名辞を例にしよう。「犬」がなんであるかは、たとえば「四本足の動物」という「概念」によって説明できるし、「水」は「水素と酸素の化合物」という「関係」によって説明できる。つまり「意義」はもっている。それでは「意味」はどうだろうか。それが指示する対象は、どんな概念によっても関係によってもその「なんであるか」が説明できないものでなければならない。そうでなければ、意味と意義のせっかくの区別がだいなしになってしまう。しかし、まだけっして概念化されてもいなければ、まだどんな関係のうちにも入りこんでいないものこそ、個物にほかならない。そして、個物を直接に指し示すのが「固有名詞」である。つまり、すべての名前が「意味」を含んでいるとすれば、「すべての名前は固有名詞の代理」なのである。こうして、フレーゲにおいて突然、固有名詞は名前の「主役」に躍りでる。

ところがそうなると、ミルにおいては固有名詞だけに生じた問題が名前全体に広がってしまう。「意味」が個物そのものを直接に名指すとすれば、名前の指示する対象が語り手と聞き手の目の前に直接居あわせていなければならない。しかし、固有名詞ならともかく、すべての名前の対象が目の前にあるというケースはきわめてまれである。そこで、フレーゲはすべての名前は「意味」と「意義」をもつとは言ったものの、同じ資格でもつわけではないと言わざるをえない。「意義」を理解しているからといって、「意味」を理解しているとはかぎらないというのである。

じっさい「意味」が確定できないばあいがある。フレーゲは「地球からもっとも離れた天体」という例を挙げる。この表現はたしかに「意義」はもっているが、「意味」をもつかどうかはきわめて疑わしい。すくなくとも現時点では確定できない。あえて確定してみても、次の瞬間にさらに遠くにある天体が発見される可能性が絶対にないとは言えない。

さらに原理的に「意味」をもたないばあいも考えられる。「もっとも遅く収束する級数（数列の各項を順に和の記号で結んだもの）」という表現は「意義」をもっている。しかし、収束するどの級数にたいしても、それより遅く、だがなおやはり収束する級数を見つけることは可能なのだから、この表現はいかなる「意味」ももたない。

意味と真理

このように、名前には「意義」をもってはいるが、「意味」が不定であるか、もたないばあいがありうる。次にフレーゲはそれが許されるばあいと許されないばあいを区別する。ホメロスの『オデュッセイア』に出てくる次のような文章を考えてみよう。

オデュッセウスはぐっすり眠ったまま、イタカの砂浜におろされた。（フレーゲ 二〇一三、一五頁）

この文章はあきらかに「意義」をもつが、この文章に現われる「オデュッセウス」という名前が「意味」をもつかどうかは疑わしい。おそらくそんな人物はいなかったにちがいない。だが、そんな人物が実在したか、じっさいどんな人物だったかなどは、ホメロスの文学作品を楽しんでいるときにはすこしも気にならないし、そのことで上の文章が判読不能になるわけでもない。オデュッセウスという名前が「意味」をもつかどうかはどうでもよい。
それでは、「われわれがそもそも各固有名詞に、意義だけではなく意味もあると期待するのは」どんなときであり、「意義が与える思想だけに満足しないのは」どんなときだろうか。思想の「真理値」を求めるときである。叙事詩に耳を傾けるときには、言葉の心地よい響きと並んで、文の「意義」とそれによって惹き起こされるイメージと感情だけが、われわれを魅了している。ところが、『オデュッセイア』を読んでいて、オデュッセウスはほんとうに実在したのだろうかという疑問が浮かんだ瞬間に、こうした芸術の享受は停止してしまう。いまやわれわれは「学問的考察」に赴いて「真理」を問いはじめている。

真理の追求が、われわれをしていつも意義から意味へ突き進むように駆り立てる。（同書、一七頁）

「意味」および「意義」と「表象」の関係

要するに、「意味」は不定であったり、存在しなかったりするのに、無視できないのは、名前に「真理」の機能を保証するためなのだ。だが、ミルがそのために心のイメージ、つまり「表象」をもちださざるをえなかったのにたいして、フレーゲは意味も意義もけっして表象ではないことを強調する。たとえば、記号の意味（Bedeutung）が感覚的に知覚可能な対象のばあい、私は対象について具体的な表象をもつことができる。つまり、それについての感覚印象と、私がおこなった内的ないし外的な活動とを想起することから生じる、内的な像（inneres Bild）（フレーゲ 二〇一三、一〇頁）をもつことができる。だからといって、この内的な像は意味の構成要素でもなければ意義の構成要素でもない。なぜなら、こうした像はしばしば感情に浸されており、主観的であり、したがって、それがだれに属し、いつの時点でのものかという規定を付けくわえなければならないからだ。だが、「意義は多数の人の公共財産でありうるゆえに、各人の心の部分やその様態ではない」（同書、一一頁）。世代から世代へと継承されてきた思想の共有財産を人類がもつことからしても、これは否定できない。

しかし、記号の意味も意義も具体的な表象に、たとえば感覚的印象に支えられていないとすれば、意味が示す対象が存在し、しかもただひとつ存在するということはなににによって保証されるのだろうか。表象に頼らずに、対象が個物でありただひとつのものであるということを示すにはどうすればよいか。それは、その対象をほかのものから区別するような決定的な区別を一つひとつ挙げていくことによってである。たとえばそれは「白くて」、「丸くて」、「固くて」……というぐあいである。「意義」を積み重ねていって「意味」に少しずつ近づいていくしかない。とはいえ、個物を完全に識別するには無限の規定が必要であり、それは人間には不可能である。ということは、すべての意義がひとつの意味に属するかどうかは最終的に未決定だということだ。

だからこそ、フレーゲはこう語る。

固有名詞の意義は、その固有名詞が属する言語もしくは表記法の全体を十分熟知しているどの人によっても把握される。しかし一つの意義の把握によっては、固有名詞の意味は、たとえそれが現存する場合でも、依然として単にその一面のみが明らかになったにすぎない。当の意味をすべての側面から認識するためには、与えられたすべての意義について、その意義がその意味に属するか否かを直ちに述べうるのでなければならないだろう。しかしわれわれには、そのようなことは決して果たしえない。（同書、八頁）

それでは、「意味」などなくてもいいのではないか。だがそうはいかない。いくらさまざまな「意義」を把握していって、それが表示するさまざまな属性や関係を列挙してみても、それらが現実の対象に属する属性や関係ではないとしたら、たんなる「表象」と区別がつかなくなり、せっかく排除した「表象」をもちこむことになってしまう。そうした対象を指示してくれるのは「意味」にほかならない。そうだとすれば、「意味」は「地球からもっとも遠い天体」という例が示すように不定であったり、さしあたりその一面のみがあきらかになるにすぎないとしても、それなしにすますわけにはいかない。いわば、あとから到達されるべきものが最初から想定されていなければならない。つまり、「意味」は「前提とされて」いなければならないのである。フレーゲはみずからに寄せられる反論を予想して、次のように語っている。

観念論者や懐疑論者の側からは、以上のような見解に対しておそらくすでに以前から異論が唱えられていたことだろう。「君は、無造作に対象としての月について語っているが、「月」という名前がそもそも一つの意味をもつことを君は何を根拠にして知ったのか。また、そもそも何かある

ものが一つの意味をもつことを何から知ったのか」。（同書、一四頁）

このような異論にたいして、フレーゲはこう答える。

われわれがもつ月の表象について語ることはわれわれの意図ではなく、またわれわれが「月」と言うときには、意義のみで満足せずして一つの意味を前提（voraussetzen）している。（同書、一四頁）

しかし、すべての記号表現が真であるために「意義」と「意味」をもたなければならないにもかかわらず、「意義」にはかならずしも「意味」がともなっているわけではなく、それでもなお「意味」が前提とされなければならないというのは、やはり奇妙な結論である。そうだとすれば、もっとすっきりさせて、いっそのこと「意義」や「共指示」だけですますわけにはいかないものだろうか。こうした方向を推し進めたのが、ラッセルの「記述理論」である。

3　バートランド・ラッセル『論理的原子論の哲学』

イギリスの哲学者バートランド・ラッセル（Bertrand Russell）（一八七二―一九七〇年）が記述理論を完成させたのは、『論理的原子論の哲学』（一九一八―一九年）だとされている。この著書における固有名詞論を見てみよう。

命題と事実

ラッセルはまず次のような「自明の理」から出発する。

①世界は事実（Fact）を含み、それについてどんなことを考えようとも、事実はあるがままのありかたをしている。
②信念は事実とかかわり、そのかかわりに即して真になったり偽になったりする。

たとえば、私がいま「九州では雨が降っている」と思い、それを口に出して主張したとしよう（ことばにされた主張を「命題」と呼ぼう）。じっさいに九州で雨が降っているという事実があれば、私の主張は正しい。そうした事実がなければ、私の主張は誤りであり、根も葉もない思いこみにすぎない。したがって、私が「真理を語る」ことができるためには、世界には「事実」もまた存在していなければならない。そうだとすれば、「事実」とは次のようなものであるにちがいない。

①事実は命題を真なるものか偽なるものにするが、それ自身は真でも偽でもない。
②事実は客観的世界に属し、それを考えだしたり信じたりすることはできない。

信念の表明である命題と同じように、事実もまたそれを考えたり信じたりできるなら、この事実についてもまたその真偽を決定する事実がなければならないだろう。したがって、「真理を語る」には、あるがままのありかたで客観的世界と直接につながっているような事実がなければならない。そして、あらゆる信念や主張に先だって客観的世界にあるがままに存在するものとは「個物」であり、「現実の個物を直接に指せる語は固有名詞（proper names）」だけである。

固有名詞を使わなければ特定の個物についてはけっして語れないことが確かにわかります。一般名詞は記述というやり方でしか使えません。
（ラッセル 二〇〇七、四八頁）

バートランド・ラッセル

固有名詞をめぐる矛盾

事実が成立し、事実によって命題の真偽が決定されるためには、「固有名詞」と対象を名指すという機能が前提とされなければならない。こうして、フレーゲのばあいと同様に（本書、三八頁参照）、「固有名詞」がここで主役の地位に躍りでるのだが、それによって奇妙な矛盾が生じてしまう。というのも、事実と命題の関係は、事実を成立させる「名指す」という関係とは質的に異なるからである。ラッセルは次のように説明する。

> 名前は個物を名指すことができるだけであり、名指していないならそもそも名前ではなく雑音に過ぎません。ある特定の物に対し名指しという一つの特定の関係を持たない限り、名前は名前ではありえませんが、命題は偽であるときでも命題でなくなるわけではありません。命題は真または偽という二通りのあり方をし、それらがひとまとまりとなって、名前であるという性質に対比されるのです。（ラッセル　二〇〇七、二五頁）

要約すると次のようになる。

①命題は、それに対応する事実があれば真になり、それに対応する事実がなくても偽になるだけで、無意味にはならない。

②固有名詞は、それに対応する対象が存在すれば意味があるが、それに対応する対象が存在しなければ無意味である。

そこで、事実を成立させる「名前の名指す関係」を「事実と命題の関係」にもちこむと、いろんな問題が生じてしまう。

まず第一に、命題の真偽を決定できるケースがきわめてまれになってしまう。というのも、固有名詞は対象を名指すだけだということを厳密に受けとるなら、「真の」固有名詞を見つけるのはかなりむずかしいからである（同書、五〇頁）。話し手が固有名詞を使うことができ、聞き手にそれが伝わるのは、それが名指しているものを両者がいまじっさいに目の前にしているかぎりでのことである。アダムは事物を命名するとき、獣たちを一頭ずつまぢかに見ていた。しかしそうなると、厳密な意味での固有名詞とは、ミルのばあいのように「これ」や「あれ」のような指示代名詞だけになってしまう。その結果、われわれがふつう固有名詞と考えているもの、たとえば「ソクラテス」は、命題において固有名詞としては使えない。というのも、現代の私たちはソクラテスを目の前にすることがけっしてできないからである。これはこれまでミルにおいてもフレーゲにおいても指摘されてきた事態である。

だがさらに、固有名詞の名指すという関係を命題にもちこむと、命題の真偽の決定がまれになるどころか、不可能になってしまうケースさえ出てくる。たとえば「ロムルスは存在した」という命題を考えてみよう。もしも「ロムルス」が名前であって、ある個物を名指すだけの機能しかもたないなら、それは当然その指示対象の存在を前提としている。この命題が真であれ偽であれ、われわれはこの命題を読んでその意味がわかるのだから、この命題は有意味な命題である。ところが、「ロムルス」が実在しなかったとしよう。じっさいたいていの人はそうだと考えている。そうすると、「ロムルスは存在した」という命題も、「ロムルスは存在しなかった」という命題も、どちらも真でないばかりか、そもそも無意味な命題になる。主語がどうであるかを判断する以前に、主語が成立していないからである。

こうして、固有名詞の名指す機能を前提としなければ事実は成立しないが、それを命題にもちこめば、命題の真偽の決定があいまいになったり不可能になったりする。この矛盾を解決するためにラッセルがもちだす解決策は、固有名詞とは「確定記述の略記号」だというものである。

「ロムルス」という名前は実は名前ではなく、圧縮された一種の記述だからです。それは、しかじかのことをした人物、レムスの殺害、ローマの建国等々をしたある人物の代理をするものであり、そうした記述、たとえば「「ロムルス」と呼ばれた人物 'The person who called 'Romulus'」という記述が省略されたものなのです。(同書、一三一―一三二頁)

固有名詞＝確定記述の略記号

名前を記述の略記号と考えると、どうして上述の矛盾を回避できるのだろうか。まず一般的な命題で考えてみよう。ラッセルは「すべてのギリシア人は人間である」という命題を例にあげる。普通の理解にしたがえば、「すべてのギリシア人は」と語るときには、すでにギリシア人の存在が前提とされている。しかしラッセルによれば、この命題は主語が存在するという主張も存在しないという主張もいっさい含んでいない。というのも、この命題はじつは次のような「命題関数（propositional function）」と、この命題関数がつねに真であることを表現しているにすぎないからである。それは次のように表現できる。

「xがギリシア人であるならば、xは人間である」はつねに真である。

したがって、ギリシア人が存在しているのであれば、あらためて「そして、ギリシア人は存在する」という命題を付け加えなければならない。このように、一見主語のように見える「すべてのギリシア人」は、ただ不定の変数xを記述しているだけである。

ところで、同じ記述といっても、一般名詞のばあいと固有名詞のばあいでは違いがある。ギリシア人の例で述べたように一般名詞のばあいには、その記述は「なになにである不定のもの」というふうに表現される。これをラッセルは「不確定記述（ambiguous descriptions）」と呼ぶ。それにたいして、固有名詞のばあいには、記述がただひとつの個物を指示するという機能を引き受けなければならない。したがって、その記述は「なになにである唯一のもの」というかたちを取らなければならない。彼はこれを「確定記述（definite descriptions）」と呼ぶ。つまり、固有名詞とは「Fxであるようなただひとつのx」というかたちでの記述で置きかえられ、Fxであるようなxがまさにひとつだけ定まるならば、それがこの記述の指示対象となるわけである。

たとえば「『ウェイヴァリー』の著者」はこれによってウォルター・スコットと呼ばれるただひとつの対象を指示できるので、確定記述である。しかも、これはスコットという固有名詞とは違って、その機能は指示ではなく、あくまで記述である。その証拠に、「スコットは『ウェイヴァリー』の著者である」という命題を考えてみよう。両者がいずれも名前でしかなければ、どちらも同一人物を指示しているだけなのだから、まったくのトートロジーでしかない。「『ウェイヴァリー』の著者」は名前ではなく、記述なのである。たとえば私が「スコットがね」と言ったとしよう。これはただ指示する機能しかないのだから、この人物が目の前にいないかぎり、「どのスコットのことだ」という質問が出るかもしれない。それにたいして、そのとき私が「『ウェイヴァリー』を書いた人だよ」と言えば、その人物について一定のイメージをもつことができるだろう。したがって、固有名詞が確定記述の代理だとすれば、固有名詞はそれが表現するものが現前していなくても、唯一の対象を指示することができ、文字どおり固有名詞としての機能を果たせるというわけである。

こうして、「真理を語る」という観点からの固有名詞論の振り子は、固有名詞に「指示」機能だけしか認めないミルの理論から、「記述」しか認めないラッセルの理論へといわば一八〇度ふれたことになる。したがって、こののち固有名詞論に新たな展開があるとすれば、「真理を語る」のとは別の観点での展開しかありえない。これをじっさいにやってのけたのが、アメリカのユダヤ系哲学者ソール・クリプキ（Saul A. Kripke）（一九四〇年生）である。

4　ソール・クリプキ『名指しと必然性』

クリプキは『名指しと必然性』(一九八〇年)の主題を次のように語っている。

第一の主題は名指し(naming)である。ここで、名前とは固有名詞(proper name)、つまり人、都市、国などの名前を意味する。現代の論理学者は、確定記述――「ハドリーバーグを堕落させた男」のように、「φxであるような唯一のx」という形の句――にも非常に興味をもっていることはよく知られている。〔…〕われわれは、この種の確定記述は含まず、日常言語で「固有名詞」と呼ばれるものだけを含む意味で「名前」という術語を使うことにする。名前と記述の両方を含んだ共通の術語がほしい時には「指示子(designator)」という言葉を使えばよい。(クリプキ 一九八五、二七頁)

ここからまずわかるのは、クリプキがラッセルの記述論には批判的だということである。彼の課題は、「記述理論は名前の指示がいかに固定されるかについてすら、果して正しい

ソール・クリプキ

説明を与えているのかと問うことであった」(同書、六頁)。ラッセルの「確定記述」には二つの問題がある。

まずわれわれは特定の対象にたいして、それこそがその対象の確定記述だということをどのようにして知ることができるだろうか。たとえば、アリストテレスは、「プラトンの弟子」でもあれば、「アレクサンドロスの家庭教師」でもあり、『形而上学』という本を書いた哲学者」でもあった。この事実を知っている人に「その名前を、どんな記述と置き換えるつもりか」と聞けば、彼は途方にくれてしまうにちがいない(同書、三三―三四頁)。

われわれは、自分たちがその人物を同定するために使う性質のうち、どれが正しいのかを実際に知っているわけではない。それらの性質が唯一の対象を選び出すことを、われわれは知らない。(同書、一〇八頁)

かりに彼がそれらの事実のなかから特定の事実を確定記述として選んだとしても、それには必然的な根拠があるわけではなく、たまたま彼にとって重要だと思われる事実でしかない。

確定記述を客観的に決定することが可能だとしても、新たな問題が生じる。「アリストテレス」という名前の確定記述が「『形而上学』という本を書いた哲学者」だとしよう。このばあい、「アリストテレスは『形而上学』という本を書いた哲学者だ」という文は、アリストテレスのいわば「本質的な」規定を語っているのだから、「必然的な」真理のはずである。しかし、歴史研究が進んで、『形而上学』を書いたのがじつはアリストテレスではなく、ほかの人物だったことが判明したとしよう。そうするとこのばあい、アリストテレスという名前が指示する対象を唯一保証するものであった記述が否定されたのだから、「アリストテレスという人物はじつは存在しなかった」と言わざるをえなくなる。しかし、われわれは普通そんなふうには言わない。「アリストテレスはじつは『形而上学』という本を書かなかった」と言うだけである。「アリストテレス」という名前はあいかわらず有効であり、なにかを指示することができる。

それでは、ジョン・サール（John R. Searle）（一九三二年生）が提案したように、名前の指示対象を決めるのがたった一個の記述ではなく、記述の「集合」であるとしたらどうだろうか。アリストテレスは「プラトンの弟子」でもあったし、「アレクサンドロスの家庭教師」でもあったし、「『形而上学』という本を書いた哲学者」でもあって、「アリストテレス」という名前はこれらの記述の「論理和」つまり「両立的選言」だと考えるのである。そうすれば、かりに「『形而上学』という本を書いた哲学者」という記述が否定されても、ほかの記述がその欠落を埋め合わせることができるだろう。だが「アリストテレスが今日普通に彼に帰されていることのうち一つでも、すなわちわれわれが賞賛を惜しまないこれらの偉業のうち一つでも実際に行ったということは、偶然的事実であるように思われ」る（同書、八九頁）。したがって、アリストテレスの記述の「集合」が歴史研究の結果ことごとく否定されても、やはり「アリストテレスは存在しなかった」ということにはならず、われわれは「アリストテレスはじつはプラトンの弟子ではなかったし、アレクサンドロスの家庭教師でもなかったし、『形而上学』という本も書かなかった」と言うだけである。「アリストテレス」という名前は、そうした記述があてはまらないどのような「可能世界」を想定しても、その指示機能を失わない。そこで、クリプキは固有名詞を「固定指示子（rigid designator）」と呼ぶ。

ある言葉があらゆる可能世界において同じ対象を指示するならば、それを固定指示子と呼ぼう。

（同書、五五頁）

クリプキはミルの指示理論に帰っているように見える。「ダートマス」という名前は、それが付けられた町がたとえダート河の河口ではなくなっても、あいかわらず同じ町を指示しつづける、というミルの例と一見同じように思える。だがそうではない。クリプキによれば、名前が固定指示子であるためには、やはりなんらかの「記述」が必要である。そうでなければ、名前は「これ」や「あれ」といった指示代名詞と同じく、対象を「固定的に」指示することができない。だが、そのために対象に与えられる「重要な性質は本質的である必要はない」（同書、九一頁）。われわれは「アリストテレス」という名前を『形而上学』を書いた男」として選びだそうと決めたのであり、この記述はそのためのたんなる手続きでしかないのである。

だがそうなると、固定指示子はわれわれによっていわば恣意的に決められることになりはしないか。いったいだれがそれを決めるのだろうか。たとえば、私が一人部屋にこもってこれからアリストテレスの固定指示子は「アレクサンドロスの家庭教師である」ことにしようとひそかに心に誓っても意味がない。そこでクリプキは「言語共同体」という新しい考えかたをもちだす。

たとえば、「リチャード・ファインマン」という名前を聞けば、多くのひとは彼を指示することができる。彼は現代の指導的な理論物理学者だと言うかもしれないし、ファインマンの理論の内容を述べて、彼を同じく物理学者であるマレー・ゲルマンと区別できる人もいるかもしれない。しかし、そんなことは知らない一般の人でも「ファインマン」という名前を使えるし、だれかと問われれば、「物理学者かなにかだ」ぐらいは答えられるだろう。

誰か、例えば一人の赤ん坊が生れたとしよう。その両親は彼をある特定の名前で呼ぶ。両親は、彼のことを友人たちに話す。他の人々が彼に会う。様々な種類の会話を通じて、その名前は次から次へとあたかも鎖のように広がって行く。この連鎖の末端にいて、市場かどこかでたとえばリチャード・ファインマンのことを聞いた話し手は、たとえ最初に誰からファインマンのことを聞いたのか、あるいはいったい誰からファインマンのことを聞いたのかさえ思い出せないとしても、リチャード・ファインマンを指示することができるだろう。（同書、一〇八頁）

ではどうしてそんなことが可能なのだろうか。クリプキの答えはこうである。

ファインマン自身に辿り着く伝達の連鎖は、彼が次から次へとその名前を受け渡す共同体の一員であることによって確立されたのであって、彼が自分の書斎でこっそりと、「「ファインマン」によって私は、これこれしかじかのことをした男を意味しよう」という儀式を行うことによって確

立されたわけではない。(同書、一〇九頁)

クリプキの功績はそれまでの名前論の前提を覆したところにある。名前は指示機能であれ記述機能であれ、対象との関係に支えられているのではなく、名前をたがいに受け渡し、受け継いでいく「言語共同体」によってこそ支えられている。だが、彼は「真理論」から「共同体論」への名前論のこうした転換を示唆するにとどまった。この新しい視点からの名前論を「言語形式」という概念のもとに独創的かつ徹底的に展開したのは、ヴィトゲンシュタインである。そこで、次に章をあらためて、彼の名前論を解説することにしよう。

第2章

生活形式

ヴィトゲンシュタイン

「真理の分析論」と「われわれ自身の存在論」

ミシェル・フーコー(Michel Foucault)(一九二六—八四年)は「カントについての講義」(一九八三年)において、カントがその批判哲学によって二つの重要な伝統を基礎づけたという。そのひとつは「真理の分析論」である。

カントは、まず、その重要な批判の作品において、どのような条件のもとで真なる認識が可能となるかという問いを提起する哲学の伝統を創始し、それを基礎付けました。そして、そこから、十九世紀以来の現代哲学の一分野全体が真理の分析論として提起され、展開されたのです。(フーコー 二〇〇二、一八三頁)

そして、カントが基礎づけたもうひとつの伝統とは、「われわれ自身の存在論」とでも呼ぶべきものである。すこし長くなるが引用しよう。

このもうひとつの批判の伝統は、われわれの現在性とは何か? 可能な経験の現在的な領野はどのようなものか? という問いを提起します。そこで問題となっているのは真理の分析論ではありません。そこでは、現在の存在論あるいはわれわれ自身の存在論とでも呼ぶべきものが問題となるでしょう。そして、現在われわれがぶつかっている哲学の選択とは、一般的に真理の分析哲学として現われてくるような批判哲学を選ぶことができるのか、それとも、われわれ自身の存在論、現在性の存在論といった形態をとる批判的思考を選ぶことができるのかというものであると私には思えます。そして、ヘーゲルからニーチェ、そしてマックス・ウェーバーを経てフランクフルト学派に至るまで、この後者の哲学の形こそが、私がそのなかで仕事をしようとしてきた考察の形態を基礎付けたものなのです。(同書、一八三頁)

フーコーの用語を借用すれば、ヴィトゲンシュタインは言語論の分野で「真理の分析論」から「われわれ自身の存在論」へと舵を切ったと言えよう。彼の功績は、固有名詞の本領を、それが指示したり記述したりする「もの」との関係ではなく、言語共同体という「ひと」と「ひと」との関係に移したことにある。他者が居あわせている場面で固有名詞がどのように働き、どのようにそこに住みつくのかを、まったく新しい視点から詳細に解明してみせたのは、遺著『哲学探究』(一九五三年)である。ミルに始まる固有名詞論が彼においてどのような結論にたどりつくかを見てみよう。

イマヌエル・カント

第一節　名前の文法的考察

生活形式としての言語

ヴィトゲンシュタイン（Ludwig Wittgenstein）（一八八九―一九五一年）の名前論を理解するには、「生活形式」という用語を理解しておく必要がある。

いまある親子づれが水族館を訪れ、子供が水槽の魚を指さして、「どうしてあの魚は泳いでいるの？」と尋ねたとしよう。いかにも子供らしい質問に、われわれは思わず吹きだしてしまうにちがいない。魚はなにも別の目的があって泳いでいるわけではなく、「泳ぐ」ということが「水」という環境にもっとも適した「生きる仕方」であり、泳ぐことがそのまま水のなかで生きることだからである。鳥が「空を飛ぶ」のも、動物が「食べる」のも、そうである。ヴィトゲンシュタインはこうした各動物種に固有な生きる仕方を「生活形式」と呼ぶ。

ところが、いかにも子供らしいこの質問が人間にかんして問われるとだれも吹きだきないばかりか、まじめな問いとみなされてしまう。人間はほかのどんな動物より高尚であり、「パンのみにて生くるものにはあらず」だからである。人間にかんしては、「食べること」も、「歩くこと」も、「読書すること」も、要するにそのすべての日常的な行動は、「生きる」という目的に奉仕する手段にすぎない。だがそうなると、人間の「生きること」それ自体は「食べること」でも「歩くこと」でも「読書すること」でもなくなり、どんな日常的な行動も超えているのだから高尚なものになりはするが、まったく内容空疎になってしまう。人間の「生きる」はこの世界に住みつくことができず、いわば霞を食って生きざるをえなくなる。

この矛盾は、人間だけの固有な活動である「言語活動」においてもっとも顕著に現われる。私が「語る」のはなにか目的があってのことであり、その目的は私が住む世界を超えたところになければならない。したがって、言語とはつねに変転する現象の背後にある「本質」を名指す道具だとか、ブラックボックスである頭のなかにある「イメージ」や「観念」を明るみに出す装置だと考えざるをえなくなる。だが、そうした「本質」や「観念」はどんなふうに存在しているのだろうか。たとえば、テーブルの下に猫が寝転んでいるかのようにだろうか。

ヴィトゲンシュタインが提唱するのは、言語もまた人間のほかのすべての活動と同様に、人間が世界に住みつく仕方、つまり「生活形式」とみなすことだ。そうすれば、「本質」や「観念」といった奇妙な想定は不要になる。というのも、いまや言語はそれが「なに」を名指すかではなく、「どのように使われるか」という観点から考察されるようになるからである。しかも、言語の「使われかた」はごく常識的な使われかただけに限られる。言語は世界に住みつく仕方なのだから、その使われかたももっともスムーズに住みつけるような常識的な仕方が選ばれるはずだ。われわれは「食べる」とき、普通は逆立ちして食べたりはしない。言語が人間に固有な生活形式である以上、人間というこの独自な存在と、人間と世界の独自な関係についても常識的な説明が可能になるにちがいない。こうして、ヴィトゲンシュタインは「文法的考察」を提唱する。

文法的考察

私たちの考察は、だから文法的な（grammatische）考察なのである。文法的考察は、誤解をとりのぞくことによって、私たちの問題に光をあてる。誤解というのは、言葉の使い方にまつわる誤解のことである。（『哲学探究』第九〇節、ヴィトゲンシュタイン 二〇一三。以下この本からの引用は節数のみを示す）

文法的考察を使えば、従来の形而上学的考察や論理学的な考察の誤りがその言語の使いかたからあきらかになる。

休日にぶらぶらとウィンドウショッピングを楽しんでいるとしよう。そんな場面で、あなたはいったいどんなときに「それはなんであるか」という表現を使うだろうか。ショーウィンドウに飾られた商品を指さして、「それはいくらですか」とか「それは日本製ですか、外国製ですか」とは聞くだろうが、「それはなんですか」とはまず聞かない。たしかに、けっしてないわけではない。いままで見たことも聞いたこともない珍しいものに出会ったときにはそうした質問をする。だが、そのばあいあなたが聞いているのはそのものの「名前」である。じっさい店員は名前を教えてくれ、ほとんどのばあいそれで満足する。あなたが「それはなんですか」という質問をしたときに、きらびやかな商品の「表面下にあるもの」や「分析によって掘りだされてくるはずのもの」などは期待していないし、店員にしてもそんなものを聞かれても答えようがない。

形而上学的な考察や論理学的な考察が誤っているのは、それがたどりつく答えが誤っているからではなく、それが基礎に据えている言葉の使いかたが異様であり、日常的な使いかたをひどく逸脱しているからだ。それは「言葉の使いかたを誤解している」。文法的考察にとっては、哲学がどれほど高尚な議論を展開し、どれほど精密な分析を重ねようと、日常的な言語の使いかたにそぐわない言語使用にもとづいていれば、すでにその時点でアウトであり、たどりついた答えを日常的な表現で言い表わせなければ、それだけですでに誤りである。

> 哲学は、言葉の実際の使い方に指一本、触れてはならない。哲学にできることは結局、言葉の実際の使い方を記述することだけ。（第一二四節）

ヴィトゲンシュタインはこうした「形而上学的用法から日常的用法への」帰還を、次のような面白い言葉で表現している。

> 私たちはアイスバーンに入ってしまった。摩擦がないので、ある意味で条件は理想的だが、しかしだからこそ歩くことができない。私たちは歩きたい。そのためには摩擦が必要だ。ざらざらした地面に戻ろう！（第一〇七節）

固有名詞とその意味

ヴィトゲンシュタインがこの「文法的考察」を使ってまずはじめに考察するのは、「固有名詞」である。

固有名詞は一般名詞とは違って、この世にたったひとつしかないもの、いわゆる個物を名指すと一般に理解されている。そうだとすれば、「個物」はけっして部分をもってはいけない。部分をもつと、個物は部分とそれを包括する全体から構成されていることになるが、全体は複数の部分を含むのだから、それら部分に共通するなにかであり、なんらかの普遍性をもつことになる。したがって、「固有名詞は個物を表わす」とは、「固有名詞は部分をもたない単純なものを表わす」と言いかえられるだろう。

そこで、ヴィトゲンシュタインは、「ノートゥング」という固有名詞を例に挙げる（「ノートゥング」とはヴァーグナーの楽劇『ニーベルングの指環』で英雄ジークフリートがもっている剣の名前である）。この剣の刃がこぼれてしまった（つまり、部分に分かれてしまった）としよう。いまや「ノートゥングには鋭い刃がある」という文は誤りであるどころか、そもそも無意味になる。というのも、この名前に対応するものがなくなるからだ。だが、われわれの日常的な言いかたでは、「ノートゥングには鋭い刃がある」という文には依然として意味があるし、「ノートゥングの刃は鋭くなくなった」とか、「ノートゥングの刃がこぼれた」と言うだけである（第三九節）。

ヴィトゲンシュタインは同じ節のすぐあとでユーモラスな例を挙げる。事物の名前ならともかく、人名だったらどうするんだというのである。人名が名指しているのは人間であり、人間は生きものである。人間はこわれてしまえば、部分に分かれるどころか死んでしまう。部分と全体が生じるどころか、その存在そのものがなくなってしまう。そうなると、「Ｎ・Ｎさんが亡くなった」という文はまったく意味をなさなくなるはずではないか。だが、けっしてそんなことはない。Ｎ・Ｎさんが亡くなったら、「亡くなったのは、その名前の担い手だ」とは言うかもしれないが、「亡くなったのは、その名前の意味だ」とはけっして言わない。したがって、文法的考察がまず教えるのは次のことである。

「意味」という単語で、その単語に「対応する」モノをあらわすなら、その単語は誤用されているのだ。（第四〇節）

固有名詞と指示代名詞

そうなると、固有名詞は個物を直接指し示す単語だという常識的な理解が揺らいでしまう。そこで、救済策としてもちだされるのが「指示代名詞」である。

奇妙な話だが、「これ」という単語について以前、こう言われたことがある。「「これ」だけが本当の名前です。それ以外に私たちが「名前」と呼んでいるものは、だから、すべて不精確で近似的な意味においてなのです」。（第三八節）

ミルはじっさい固有名詞を指示代名詞ときわめて近いものと考えていた（たとえば、本書、三二頁を参照）。たしかに、指示代名詞の「使われかた」は、固有名詞の「使われかた」と一見よく似ている。

たとえば指さして定義するとき、私たちは実際、名前で呼んだモノをさして、その名前を発音しているだろう。おなじように、たとえば指さして定義するとき、あるモノをさしながら、「これ」という単語を発音している。そして「これ」と名前とは、しばしば文ではおなじ場所に置かれる。（第三八節）

指示代名詞は固有名詞と使われかたが似ているだけではなく、固有名詞がもつべき性質をいっそう純粋なかたちでもっている。指示代名詞は固有名詞と同じく、その対象を直接に指し示すが、指示代名詞のばあいには「絶対、〔その語の〕にない手が必要だ」（第四五節）。「村岡」という人名は、たとえば「村岡はどこに行ったの」というぐあいに、当人が不在でも使えるが、「これ」ということばはそれが指すものが目の前になければ意味不明になってしまう。そのばあい、「「これ」ってなんのこと？」と尋ねたくなる。しかも、指示代名詞は固有名詞とは違って、それが指すものが単純であろうと、複雑であろうとかまわない。「ノートゥング」にもちあがったような問題は生じない。こうして、指示代名詞が固有名詞の「理想型」としてもちだされる。

しかし、「文法的考察」をしてみれば、こうした議論がふたたび誤りであることがわかる。たとえば、「それは村岡だ」という言いかたは自然だが、「それはこれだ」という言いかたはそうではない。

というのも、前者の文のばあい、対象を指さしながら「それは村岡と呼ばれている人だ」と説明できるが、後者の文では、それは「これ」と呼ばれているものだとは説明できないからである。したがって、「〔名前の〕さまざまな使い方のなかに、「これ」という単語の使い方は含まれていない」（第三八節）。それにもかかわらず、指示代名詞が固有名詞の「理想型」に祭りあげられるのは、哲学がことばの使われかたを無視して、固有名詞にかんするみずからの定義をあくまで守り通したいがためにすぎない。

> 哲学の問題が生じるのは、言葉が休日で仕事をしないときなのである。（第三八節）

第二節　名前を学ぶことと教えること

とはいえ、固有名詞にかぎらず、名前をはじめて学んだり教えたりするときには、やはり目の前のものを指さしてその名前を言い聞かせる以外に方法はないのではないだろうか。じっさいこうした考えかたの代表例として、アウグスティヌスが子供の言語習得について述べた有名な箇所が『哲学探究』の冒頭に引用されている。

> アウグスティヌス『告白』第1巻、第8章。「大人が、あるモノを名前で呼んで、そちらのほう

> に向いたとき、私にわかったのはそのモノが、呼びかけられた音によってあらわされたということだ。大人がそのモノを指示しようと思っていたのだから。〔…〕こうして私は、いくつかの言葉が、いろんな文章の、特定の箇所で何度もくり返し使われているのを耳にして、どういうモノの記号になっているのか、しだいに理解するようになった。そして私の口がその記号になじんでからは、記号を使って、私の望みを表現するようになったのである」（第一節）

ヴィトゲンシュタインによれば、アウグスティヌスのこの発言には言語の本質について特定のイメージがすでに前提とされている。

> 品詞の区別についてアウグスティヌスは語っていない。言葉の習得をアウグスティヌスのように説明する人は、どうやら、まず第一に「テーブル」、「椅子」、「パン」などの名詞や、人の名前のことを考えているのではないか。その後でようやく、活動や性質をあらわす名前のことを考え、それ以外の品詞については、勝手に見つかるものだと思っているふしがある。（第一節）

言語はまずもって単語からなり、単語はものの名前であり、文は名前をつないだものである。こうした言語観が生まれてくるのは、次のような考えかたがあるからである。

> どの単語にも意味があります。その意味は単語に配属されています。その意味はモノ（対象）で

あり、その代理人が単語なのです。（第一節）

ヴィトゲンシュタインにしたがえば、「言葉の意味という一般的な概念が言語の機能を靄《もや》で包んで、クリアに見えなくしてしまっているのだ」（第五節）。そこで、「文法的考察」を使って言語を覆うこの靄を払いのけなければならない。

子供にどのようにして名前を教えたらいいかは単純な問題であるように思われる。目の前にあるものを指さしながらその名前を言えばよい。

そこでいま突然だれかが私の前に現われて、あるものを指さし、なんの脈絡もなく「これは「セピア」だ」と語ったとしよう。私は彼がいったいなにをしようとしているかを理解できるだろうか。彼がなにかの名前を教えようとしているとわかるには、たとえば私は教室にいて、彼は先生でなければならない。それでも十分ではない。私は「セピア」なるものを彼が指さしているものの「形」と理解するかもしれないし、「個数」と理解するかもしれない。したがって、彼の名前の説明がうまくいくためには、私が受けている授業が美術の授業であり、色彩の勉強をしていることがわかっていなければならない。私は「セピア」が「色」の名前であることをすでになんらかの仕方で知っていなければならないわけである。

指さしてする定義が単語の使い方——意味——を説明するのは、その単語が言語でおよそどんな役割をはたしているのかが、すでにはっきりしているときなのである。（第三〇節）

したがってたとえば、だれかにチェスの駒のキングを見せて、「これがキングだ」と言っても、それだけではキングの駒の使いかたの説明にはならない。この文が説明になるには、説明の相手が「キングの駒の形を知らないだけで、ゲームのルールをすでに知っている」（第三一節）のでなければならない。

　それでは、「キング」の使いかたを教えるために、「これがキングだ」と言うだけではなく、「これがキングだ。それはこんなふうに動くんだ」というふうに詳しい説明を付けくわえたらどうだろう。そのばあいでもやはり同じである。だれかがなんの脈絡もなくそんなことを言っても、私は彼がいったいなんのためにそんなことを言っているのか理解できないだろう。これが説明になるのは、「説明される人がすでに「ゲームの駒とはなにか、を知っている」ときであり、「たとえば、すでにほかのゲームをやったことがあったり、ほかの人がゲームをやっているのを見物して「理解していた」——などなどの、ときだけである」（第三一節）。

　じっさいわれわれが日常的な場面で「名前」についてわざわざ説明するのはどんなときだろうか。たとえば、私がだれかに向かって「赤は止まれの合図だぞ」と説明したくなるのはどんなときだろう。それは相手が交通ルールを守らないときである。したがって、「キングはこんなふうに動くんだ」と説明したくなるのも、その人がキングのへたくそな動かしかたをしたり、許されない動かしかたをしたりしたときであろう。要するに、「説明というものは、誤解をとりのぞいたり、防いだりするのに役立つ」（第八七節）のである。したがって、指さしによる名前の習得は一定のルールにしたがっておこなわれる「言語ゲーム」をすでに前提としているのであり、そのゲームの一部でしかない。

「訓練」としての言語習得

しかし、名前の「意味」はものを名指すことによっても説明することによっても教えたり学んだりできないとすれば、われわれはいったいどのようにしてそれを理解するのだろうか。このばあい「理解する」とはどういうことなのだろう。この疑問に答えるために、ヴィトゲンシュタインはきわめて素朴な言語ゲームを考えだす。

棟梁Aが石材で建物を建てる。石材は、ブロック、ピラー、プレート、ビームだ。見習いBが石材を手渡すことになっている。それも、Aが必要とする順番で手渡さなければならない。この目的のために、ふたりは、「ブロック」、「ピラー」、「プレート」、「ビーム」という単語でできた言語を使う。Aがある単語を叫べば、――それを聞いたBは、その単語に対応する石材をもってくるように学習している。――これを、完全なプリミティブ言語だと考えてもらいたい。（第二節）

従来の哲学によれば、「ブロック」という名前を理解することは、その名前がなんども私に語られることによって、ブロックのなんらかのイメージが私の頭のなかにできあがることと考えられてきた。だが、棟梁がブロックを要求したときに私が誤ってしばしば角材を渡してしまったら、私は「ブロック」という名前を理解していることになるだろうか。日常的な言いかたではおそらくこう言われるはずである。「君は理解しているつもりになっているが、ほんとうは理解していない」。私がほんとうに理解しているとみなしてもらえるのは、棟梁がブロックと言ったときに、いつもきまってブロックを手渡すことができたときであろう。したがって、「理解する」とは「なにかができるようになる」ことにほかならない。「「知っている（wissen）」という言葉の文法は、「できる（können; imstande sein）」という言葉の文法と明らかに近い親戚である」（第一五〇節）。「私たちは「もう知ってるぞ！」と言う。――おなじように、「もうできるぞ！」とか「もう理解したぞ！」とかとも」（第一五一節）。そうだとすれば、「言語を教えるということは、説明することではなく、訓練することである」（第五節）。このばあいそれはどんな「訓練」か。

> 第二節で例にあげた言語が、AとBにとって言語のすべてである、いや、ひとつの部族にとって言語のすべてである。そして子どもたちは、そういう行動をするように、そういう単語を使うように、ほかの人の言葉にはそういうふうに反応するように、と教育される。（第六節）

つまり、名前の「意味」がわかるということは、その「使いかた」がわかるということであり、「使いかた」がわかるということは、「言語ゲーム」のルールを習得し、そのゲームに参加できるということなのである。

家族的類似性

それでは、名前の「使いかた」とその「ルール」とはどのようなものだろうか。いま述べたように、名前の習得は「訓練」によっておこなわれる。しかし、「訓練」とはそれ自体が目的ではなく、なにか別の目的のためにおこなわれる行為である。一般に、名前を学ぶことはものを名前で呼べるようになることであり、「命名」できるようになることだと考えられている。では、「名前を学ぶこと」や「命名」はいったい「どういうことのための準備」なのだろうか（第二六節）。哲学はこう答える。「ものに名前を付けると、そのものを話題にできるし、言及できる」。それにたいして、ヴィトゲンシュタインは次のように反論する。

> それじゃ、まるで、名前をつけるという行為によって、それから後で私たちのすることが、決まってしまっているみたいではないか。たったひとつのことしか、つまり、「モノについて語ること」しか、ありえないみたいではないか。ところが私たちは、じつにさまざまなことを文によってやっている。呼びかけひとつとっても、じつにさまざまな機能がある。
>
> 水！
> 消えちまえ！
> わあ！
> 助けて！
> いいぞ！
> ちがう！

これらの例をながめても、あいかわらずこれらの単語のことを「モノ（対象）につけた名前」と呼びたくなるのだろうか？（第二七節）

一口に同じ「名前」と言っても、じつにさまざまな「使いかた」があって、「「名前」という単語があらわしているのは、単語の、さまざまな形でおたがいに親戚関係にある、さまざまな使い方である」（第三八節）。しかも、このさまざまな使いかたはひとつの定義のもとにまとめることができない。ヴィトゲンシュタインはそれを「家族的類似性」という概念によって説明する。

たとえば、「ゲーム」という名前はきっぱりと定義できるだろうか。ボードゲーム、カードゲーム、ボールゲームなどを考えてみよう。われわれはふつう、どれも「ゲーム」と呼ばれるのだから、それらすべてに共通するものがあるにちがいないと考えてしまう。たしかにボードゲームとカードゲームを比較すれば、ある共通点が見つかるが、しかし異なる点も目につく。さらにそれらをボールゲームと比較すると、その共通点のいくらかは残るが、消えてしまうものも多い。いま「ゲームにはかならず勝ち負けがある」としてみよう。たしかに、ボールゲームには勝ち負けがあるが、子供が壁にボール投げをするときにはその特徴は消えてしまう。「ゲームとはプレーヤーが競いあう」ことだとしてみよう。しかし、ひとりでするトランプ遊びのペーシェンスもゲームにはちがいない。こうして、「類似点があらわれては消えていくのを目にする」（第六六節）だけであって、あらゆるゲームの共通の特徴を取りだそうとしても、タマネギの皮をむくみたいになにも残らない。

こういう類似性の特徴を言いあらわすには、「家族的類似性」と言うのが一番だ。こんなふうに重なりあい交差しあっているのは、体型、顔つき、眼の色、歩き方、気質などなど、家族のメンバーに見られる、さまざまな類似性なのだから。（第六七節）

第三節　言語ゲームとしての名前

そうは言っても名前の「意味」とはその「使いかた」であり、使いかたのルールがきっぱりと定まっていなければ、名前はつねにきちんと使うことができず、ひいては名前の「意味」もあいまいなままではないか、という疑問が浮かぶ。しかしそうではない。日常生活ではまずそんなことは起こらない。たとえば野球をしている場面を考えてみよう。野球を楽しんでいるとき、ルールブックに書いてあるあらゆるルールを把握している人はそう多くはいない。すべてのルールを知ってからでなければ野球ができないというのなら、いつまでたっても野球は始められない。たとえばメンバーが抜けて五人しかいなくなったときのように、ゲームをしているうちに新しいルールがつくられたり、ルールが修正されたりすることもある（第八三節）。そこで、ヴィトゲンシュタインはこう語る。

「不精確」は「使えない」とはちがう。〔…〕「不精確」というのは、そもそも非難の言葉であり、「精確」はほめ言葉なのだ。つまりそれは、不精確なものは精確なものとちがってちゃんと目標には近づけない、ということだからだ。すると問題は、なにを「目標」とみなしているか、ということになる。〔…〕精確さの理想というものは、あらかじめ決まっているわけではない。（第八八節）

名前の使いかたが不精確であることに不満を感じるのは、その人が名前によって対象に言及し、世界を精確に「認識する」ことを目標にしているからである。だが、文法的考察が教えるかぎり、名前の「目標」はなによりもまず、それによって人が世界に「住みつき」、そこでともに生きている人びととうまくやっていくことである。

「言語ゲーム」という言葉で強調したいのは、言語を話すことも活動の一部、または生活形式の一部だということである。（第二三節）

「食べること」も生きるための活動のひとつである。したがって、食事のルールをすべて習得してからでなければ食べられないというのであれば飢え死にしてしまう。食事はナイフとフォークを使うというルールが絶対的なら、そうめんは食べにくいし、おにぎりを手づかみでいきなりほおばるわけにもいかない。だが、生きることにおいてもっともたいせつなのは、臨機応変である。

名前の記述理論

文法的考察によって、「名前の意味はそれが指し示すものであり、名前はその代理である」という考えかたの誤りがいまやあきらかになった。しかし、固有名詞にはもうひとつの別の考えかたがあった。バートランド・ラッセルに代表される「記述理論」である。彼によれば、名前の意味はその対象ではない。むしろ、名前は一連の記述の「省略記号」であり、しかも、固有名詞はただひとつのものを指すのだから、その記述のなかには対象をひとつだけに限定するような記述（確定記述）が含まれていなければならない。文法的考察はこの考えかたにどのように答えるのだろうか。ヴィトゲンシュタインはそのために「モーセ」の例を挙げる。

こういう例を考えてみよう。「モーセは存在していなかった」と言われるとき、いろんなことが意味されている。たとえば、「イスラエルの民がエジプトから脱出するとき、リーダーはひとりではなかった」とか、――「イスラエルの民のリーダーはモーセという名前ではなかった」とか、――「聖書がモーセについて報告していることを実行した人間は、いなかった」とか――などである。――ラッセルによれば、「モーセ」という名前は、いろんな記述によって定義することができる、ということになっている。たとえば、「イスラエルの民をつれて荒野を旅した男」とか、「この時代にあの場所に生きていて、当時、「モーセ」と呼ばれていた男」とか、「ファラオの娘にナイル川から拾われた男」などだ。たとえばどの定義を採用するかによって、「モーセは存在していた」という文の意味は別になる。（第七九節）

このラッセルの「確定記述」の理論にたいしてヴィトゲンシュタインは次のように反論する。

> だが私がモーセについて発言するなら、——いつでも、それらの「モーセ」の記述のうちのどれかひとつを使う気があるのだろうか？ たとえば私は、「「モーセ」で私が理解しているのは、聖書がモーセについて報告していることを実行した男である」とか、「聖書がモーセについて報告していることをたくさん実行した男である」とか言うのだろうか？ 「たくさん」とは、どれくらいのことだろうか？ 〔「モーセはいた」という〕私の文を「まちがっている」として捨てるためには、いくつのことがらがまちがっていると判明する必要があるのか、決めていたのだろうか？ とすると私にとって「モーセ」という名前は、あらゆるケースにおいて固定した一義的な使い方があるのだろうか？——私には、いわばたくさんの支えが用意されていて、どれかひとつの支えが外された場合には、別の支えを使う気がある、ということではないのだろうか？ （第七九節）

ところが、ラッセルの「記述理論」を批判したこの引用の最後のくだり、「とすると私にとって「モーセ」という名前は……」以下をとらえて、こともあろうにピーター・ギーチはヴィトゲンシュタインを「ラッセルやフレーゲと同じように、固有名詞の偽装・記述主義者」（Hallett ed. 1977, p. 161）にしてしまったし、クリプキはヴィトゲンシュタインをジョン・サールの仲間にしてしまった（クリプキ 一九八五、三五頁。サールについては、本書、五三―五四頁を参照）。

だが、ヴィトゲンシュタインがサールのような「記述理論の改良版」を提出しようとしているのではないのはあきらかだ。彼は「家族的類似性」という概念をはじめてもちだす節で、こうした主張を批判している。

なぜ私たちは、あるものを「数」と呼ぶのだろうか？　そう、たとえば、それが、これまで数と呼ばれてきたいくつかのものと――直接的な――親戚関係にあるので、おなじく数と呼ばれているほかのものと間接的な親戚関係をもつからである。〔…〕

しかし、「だったら、そうやってつくられたものには、すべて共通のものがありますね。――つまり、これらすべての共通点の選言だということが」と言いたがる人がいるかもしれない。――それにたいして私は、「あなたは言葉遊びをしてるだけだ」と言うだろう。（第六七節）

固有名詞はさまざまな記述からなっているが、それらに共通のものを探していっても、たったひとつの記述など残らないばかりか、核となるような一群の記述さえ残らない。そうした記述を求めるのはタマネギの皮をむくようなものなのである。

こうして、固有名詞の本領は指示することでも記述することでもなく、ひとつの「言語ゲーム」であり、そのルールがなんであるかという問いにけっしてきっぱりとは答えられない。それでは、「ルールにしたがう」とはどういうことか。

ルールにしたがうということ

ルールがきっぱりと定義できず、あやふやであるなら、「ルールにしたがっている」と言っても、私がただそう思っているだけになるのだろうか。しかし、「私はルールにしたがっていると思っている」という言いかたは、「したがう」の日常的な文法に反している。たとえば野球をやっていて、だれかがルールに反した動きをしたので、それを注意すると、彼が「私はルールにしたがっているつもりだ」と言ったとしよう。この発言は野球をスムーズにおこなうことになんの貢献もしないし、そんなことを言う人とはそれ以後野球をやりたくないだろう。「ルールにしたがうこと」は、けっして理解や認知の問題ではなく、「じっさいにそうすること」なのである。

> だからルールには、「私的に」したがうことはできない。私的にしたがうことが可能なら、ルールにしたがっていると思えば、ルールにしたがっていることになるのだから。(第二〇二節)

「ルールにしたがうこと」ができるためには、その行為がこの世界で起こる行為であり、そこに居合わせる他者と共有できるものでなければならない。たったひとりの人間がルールにしたがうことなどありえない。さらに、それにはもうひとつ条件がある。

「あるルールにしたがう」と呼ばれていることは、たったひとりの人間が生涯で一度だけするようなことだろうか？——もちろんそれは、「ルールにしたがう」という表現の文法につけられたひとつの注である。

たったひとりの人間がひとつのルールにしたがったのが一度だけ、ということはありえない。

（第一九九節）

すでに述べたように、「名前」を理解することは、その名前が呼ばれたときにいつもきまって特定の反応ができることである。したがって、「ルールにしたがう」という行為が可能であるためにはそうした反応がすでに複数回起こっていなければならない。さらに、「名前」を付けたり習得したりするためにはなんらかの「言語ゲーム」がすでに前提とされていなければならない。つまり、「ルールにしたがう〔…〕ということは、慣習（習慣、制度）なのだ」（第一九九節）。

われわれは名前によって〈他者とともに〉一定の世界にいつでもすでに住みついているのであり、しかも、この〈われわれ〉の世界は時間的奥行きをそなえている。それは慣習というかたちで「過去」に開かれていると同時に、ルールがけっして一義的に決定できないという意味でつねに「未来」にも開かれている。ヴィトゲンシュタインはこの〈われわれ〉をさらに詳しく規定する。

私は、たとえば、誰もやらないようなゲームを考え出すことができる。——だが、人類がゲームというものをしたことがないのに、あるとき誰かがゲームを考え出した、ということは可能だろうか？——もちろんその場合、そのゲームはされなかったわけだが。（第二〇四節）

たとえばいま私が、まったくなじみのない言語を使っている未知の土地に研究者としてやってきたとしよう。どういう状況でなら私は、その土地の人が命令をくだし、命令を理解し、命令にしたがい、命令に抵抗しているなどと言うだろうか。ヴィトゲンシュタインの答えはこうである。

人間に共通の行動の仕方が座標系（参照システム）である。それを手がかりにして私たちは未知の言語を解釈する。（第二〇六節）

つまり、「ルールにしたがうこと」を可能にしているのは、「人類」という自然種の固有性なのである。

動物は話さないだけなのだ。いや、言葉を使わない〔…〕命令する、質問する、物語る、おしゃべりすることは、歩く、食べる、飲む、遊ぶこととおなじように、私たちの自然誌（Naturgeschichte）に属していることなのだ。（第二五節）

こうして、ヴィトゲンシュタインの「名前論」は次のことを教えてくれる。われわれは「名前」によって（人類と自然誌という）自然的世界に足場を置きながら、過去と未来へ開かれた〈われわれ〉の世界に住みつくことができるのであり、名前はこうした世界でこそ生きて働くことができるのである。

第四節　ユダヤ人と「名前論」

これから二人のユダヤ思想家ローゼンツヴァイクとベンヤミンの名前論を論じるに先だって、彼らとヴィトゲンシュタインの名前論にたいするアプローチの違いを見ておくことにしよう。

ヴィトゲンシュタインが『哲学探究』を「名前」の考察で始めるのは、「名前」が西洋の言語論において「端役」を演じてきたからである。彼は、名前というもっともありふれた言語装置をうまくあつかえないところに、従来の言語学の問題性を見てとり、名前の文法的考察を通して、まったく新しい言語学を切り拓いた。

それにたいして、ローゼンツヴァイクとベンヤミンにとってははじめから、名前こそが言語の中心であった。ローゼンツヴァイクは名前についてこう語っている。

名前は従来のすべての論理学にとってはその限界とみなされてきた。名前はほんとうは健康な論理学の中心である。というのも、名前こそがみなさんの現実認識の中心であり、現実生活の中心だからである。（ローゼンツヴァイク　二〇一九a、九四頁）

ベンヤミンもみずからの言語哲学を展開した『言語一般および人間の言語について』(一九一六年)においてこう主張する。

名前こそ言語そのものの最も内的な本質である。(ベンヤミン 一九九五a、一五頁)

ゲルショム・ショーレム

さらに、ヴィトゲンシュタインとほかの二人の思想家のもうひとつの違いは、名前を論じる背景の違いにある。ヴィトゲンシュタインは、ユダヤ系の出自だが、『哲学探究』ではユダヤ教はおろか、宗教にいっさい言及していない。あくまで西洋的思考のうちにとどまっている。それにたいして、ローゼンツヴァイクとベンヤミンは共にユダヤ教を手がかりとしながら、名前論を展開する。しかし、名前を言語の中心とみなし、名前の重要性を訴えるユダヤ思想家は、なにも彼らだけではない。その例をいくつか挙げてみよう。

まずはユダヤ神秘主義の研究者でありベンヤミンの友人であるゲルショム・ショーレム(Gershom Scholem)(一八九七―一九八二年)。彼はローゼンツヴァイク宛書簡に次のようなことばを残している。

言語とは名前である。言語の能力が避難するのも名前のなかへだし、言語に含まれた深淵に封印がなされるのも名前のなかでである。〔…〕名前はそれ固有の生命を有している。[1](モーゼス 二〇

○三、二五一頁）

ローゼンツヴァイクの生涯の友人であり、彼の「新しい思考」の形成に大きな影響を与えたオイゲン・ローゼンシュトック＝ヒュッシー（Eugen Rosenstock-Huessy）（一八八八―一九七三年）は、浩瀚《こうかん》な三部作『現実の十字架――ゲーテ以後の社会学』をまず名前の分析から始める。

> 名指すことによって、つまり事物を現実的な名前で呼ぶことによって、その事物をありありと思い浮かべることが、現実についてのわれわれのすべての思考の前提である。（Rosestock-Huessy 2008, S. 29）

オイゲン・ローゼンシュトック＝ヒュッシー（Photo courtesy of Mariot Huessy, Eugen Rosenstock-Huessy Fund, CC BY-SA 3.0）

さらに、ゲオルク・ジンメル（Georg Simmel）（一八五八―一九一八年）に学び、ジェルジ・ルカーチ（György Lukács）（一八八五―一九七一年）やエルンスト・ブロッホ（Ernst Bloch）（一八八五―一九七七年）と親交があり、ローゼンツヴァイクの主著『救済の星』についていち早く書評を書いたドイツの文芸批評家マルガレーテ・ズースマン（Margarete Susman）（一八七二―一九六六年）は「革命とユダヤ人――一九一九年の講義」で次のように主張する。

> 名前それ自体は空しいものだが、その担い手であるわれわれには、名前をそれがそうなるべきものにする使命がある。名前は無にもすべてにもなりうる。名前は〔われわれに〕委託された財宝である。（Susman, 1965, S. 124）

フランスを眺めても、ジャック・デリダ（Jacques Derrida）（一九三〇―二〇〇四年）が一九九三年に「名前についての試論」三部作（『コーラ――プラトンの場』、『名を救う――否定神学をめぐる複数の声』、『パッション』）によって「名前」と「名づける行為」を詳細に論じ、『有限責任会社』（一九九〇年）では「署名」という行為を分析している。

こうしてみると、ユダヤ思想研究者アンドレアス・キルヒャーが次のように言いたくなるのも理解できる。

> ユダヤの歴史はほかの歴史とは違って名前の歴史である。ユダヤの歴史は、命名と改名の社会的、文化的実践や、法的な条件や、神学的・政治的反省のうちに映しだされている。ユダヤ人の名前はユダヤ人のアイデンティティ形成が濃縮されたものとして、とりわけ啓蒙主義以来、多くの声がいりまじった対立的な解釈の対象であった。ユダヤ的近代一般の自己理解は、名前の特徴的な諸現象において典型的に基礎づけられ構成されうるように思われる。（Kilcher 2009, S. 165）

ユダヤ教と「名前」

それにしても、ユダヤ系の思想家たちはなぜこうも「名前」にこだわるのだろうか。その理由としてまず思いあたるのは、彼らの宗教であるユダヤ教そのものの基本的性格である。聖書によれば、神はすべてのものを創造したにもかかわらず、ひとつだけ造らなかったものがある。人間の言語である。神はアダムを呼んで、みずからの創造物に名前を与えるように命じた。

主なる神は、野のあらゆる獣、空のあらゆる鳥を土で形づくり、人のところへ持って来て、人がそれぞれをどう呼ぶか見ておられた。人が呼ぶと、それはすべて、生き物の名となった。（『創世記』第二章第一九節。訳文は新共同訳による。以下同様）

こうして、アダムはすべてのものを自分の目の前に一つひとつ据えて名づけたのだから、人間の言語の原型である「アダムの言語」は本質的に「名前」からなっている。

さらにユダヤ思想にとって名前が重要なのは、「神の名前」の神学のためでもある。神の名前はきわめて神聖なものだから、みだりに口にしてはならなかった。神はふだんは「わが主（Adonai）」といった一般的な呼称で呼ばれ、神の名前を口にできるのは一年に一度の祝祭のときだけだった。そんなふうに長い間、神の名前は口にだすのがはばかられたために、やがて発音できないものになっていく。現在、神の名前としてエホヴァやヤハウェなどが使われるが、かつて神がほんとうにそう呼ばれていたかはわからない。神の名前を表わすあの神聖四文字（テトラグラマトン、ＹＨＷＨなどのローマ字で表わされる）は、ヘブライ語に母音がないために、正確にどう読むのかわからなくなっている。だが、神の名前が言い表わしえないものになればなるほど、その名前には汲みつくしがたい深遠な意味が与えられるようになる。そしてついに、カバラと呼ばれるユダヤ神秘主義になると、神の名前を構成する神聖四文字には宇宙のすべての秘密が隠されているという思想が現われてくる。こうして、「名前」こそが宇宙の構成を左右するもっとも重要なものだという考えが出てくるのである。

ユダヤ人解放令

しかし、二〇世紀のユダヤ思想家たちがどうして「名前」を焦眉の問題にせざるをえなかったかは、それだけでは説明がつかない。むしろ、彼らの「名前」への関心は、一八世紀末から一九世紀初頭に起こったユダヤ人にとって決定的な大事件と結びついている。その大事件とは、ユダヤ人がヨーロッパ世界に解放され、市民権を得たことである。

それまで一〇〇〇年以上にわたってゲットーに押しこめられてきたユダヤ人たちは、まずフランス革命後のフランスで市民権を得ることができた。フランスの国民議会は一七八九年八月に「人権宣言」を採択したのに続いて、一七九二年に「ユダヤ人解放令」を発布し、ユダヤ人に職業の自由、不動産取得の自由、信仰の自由を認めた。当時フランスより圧倒的に多くのユダヤ人を抱えていたドイツでは、この動きにしばらく抵抗があったが、一八一二年についにプロイセン政府が「解放令」を発布した。

ところがいずれの解放令にもひとつだけ奇妙な条件が付いていた。まずフランスについていえば、国民議会は解放令から二年後の一七九四年七月二〇日に次のような条項を含む政令を出している。

公務員にして、その職務遂行中、フランス語以外の方言もしくは言語をもって文書を作製し、もしくは署名したるものは、その居住地の裁判所に出頭して六ヵ月の禁錮刑に服したる後、罷免せらるべし。（田中　一九八一、七七頁）

ユダヤ人解放令は、いろんな自由を許したのに、言語の自由だけは断固として許さなかった。この禁令はユダヤ人に特有の問題を生みだした。ユダヤ人はフランス語を使わなければならないだけではなく、自分の名前をフランス語らしい響きをもつ名前に変えなければならなかった。

この事情はドイツでもまったく変わらない。一八一二年の「ユダヤ人解放令」の第一項はこうである。

我が国に現在居住している〔…〕ユダヤ人は、同国人にしてプロイセン市民とみなされなければならない。

これがどれほど革新的であるかはあきらかである。ここではもはやユダヤ人をゲットーに押しこめてきた民族の違いも宗教の違いも問題にされていないからだ。ところが、この解放令はただちに次のような条項を付けくわえる。

第二項　しかし、ユダヤ人に与えられた同国人にして市民というこの資格の永続は次のような義務のもとでのみ許される。つまりその義務とは、ユダヤ人は明確に定まったファミリーネームをもち、自分たちの商業帳簿を使用するときだけではなく、契約を書きとめたり法的意思を表明するばあいにも、ドイツ語かほかの生きた言語を使い、みずからの名前を署名するさいには、ドイツ文字かラテン文字だけを使わなければならないということである。

第三項　すべての保護下にある、もしくは認可されたユダヤ人は、この勅令発布の日から数えて六ヵ月以内に居住地の役所で、どのようなファミリーネームを恒常的に名乗りたいかを表明しなければならない。ユダヤ人は、公共の交渉や文書作成においても、日常生活においても、ほかのすべての市民と同様にこの名前で呼ばれなければならない。

第四項　ファミリーネームの表明と決定が実現したのちに、すべての人は彼が居住する州政府から、彼が同国人にして市民であるという証明書を得る。彼とその子孫にとってはこの証明書が将来保護状の代わりとして役だつことになる。

これらの条項はすべて、ドイツ語とドイツ語らしい個人名を使うことを絶対条件として突きつけている。では、なぜフランスもドイツもこれを絶対条件としなければならないのだろうか。

国家と言語――国語の成立

その理由はユダヤ人を解放した国家の本質にある。近代国家は国民主権を原理とする「国民国家(nation state)」であり、同じひとつの国民によって構成されていることをその統一性の基礎とする。では「国民(Nationalität)」とはなにか。どういう資格があれば、近代国家に所属する権利、つまり「国籍(Nationalität)」を得られるのか。

領土ではない。領土を基準にすると、とりわけドイツは困る。当時のドイツは小さな領邦国家に分かれていて、それぞれの君主が統治していたのだから、ドイツ国民などは存在しないことになる。それに、ドイツ人はオーストリア帝国や東欧などドイツ国外にも数多く暮らしていた。

それでは、国民とは人種や民族によって決まるのだろうか。しかし、人種や民族をどう規定するかはかなりむずかしいし、外見的特徴ひとつをとってみても、その違いはすぐ目につくほどはっきりしていない。たとえば街中を歩いている日本人と韓国人を外見だけで見分けるのはほとんど不可能である。それに、条件付きながら日本のような「単一民族国家」は世界ではむしろ例外である。かつてのオーストリア帝国も、現在のアメリカ合衆国も、典型的な多民族国家である。

そこで近代国家が見いだした答えは、「同じ国民とは同じことばを話す人びとである」というものだ。しかも、この「ことば」は、ひとが小さなときからそれとともに育ってきたようなことば、つまり「母語」でなければならない。母語であればその語り手がどこへ移住しようともち運べるからである。「母語＝母なることば（Muttersprache）」が「祖国＝父なる国（Vaterland）」を支えるというわけである。

そうなると、「名前」が問題になる。ドイツ語をどれほど流暢に話せても、名前を見るとドイツ人でないことが「ばれ」てしまう。同じ漢字で綴られていても「金」や「朴」という名前を見れば、その持ち主が日本人ではないことがただちに知られてしまうようなものである。ここに、フランスとドイツのユダヤ人解放令が、「名前」の変更を第一条件とした理由がある。

したがって、ユダヤ人にとって「名前」はたんなる言語学的な関心の対象ではないし、自分たちの宗教や歴史の独自性を理解する鍵であるだけでもない。それはむしろ、同化か民族的自立か、ディアスポラかシオニズムかといった、自分たちがこれからどう生きていくべきかを左右する大問題だった。だからこそ、二〇世紀のユダヤ思想家たちは「名前」の問題を避けて通れなかったのだ。しかも、みずからが解放されたヨーロッパであくまでユダヤ人として生きていこうとする思想家たちにとっては、人間を識別し差別する装置に言語と名前を変えようとする「国民国家」の政治的な動向に抗して、言語と名前があくまで「万人の不可侵の財産」であると証明することが緊急の課題であった。ユダヤ思想家たちは、「名前」が対象に貼られる外的なレッテルや、ましてや差別を生みだすような識別標識ではなく、共同体のうちでこそ生きて働くものであることを、いやそれどころか、共同体を不断に生みだし、〈われわれ〉をはじめて可能にするような言語装置であることを、どうしても証明する必要があったのである。

人間のもっともありふれた言語活動である「対話」に着目することによって、言語を「国民国家」の呪縛から解放し、「名前」が〈われわれ〉の共同体を可能にする装置であることを証明しようとしたのは、フランツ・ローゼンツヴァイクである。彼の「名前論」を考察することにしよう。

第3章

対話

ローゼンツヴァイク

第一節　国民国家と言語

ユダヤ系ドイツの思想家ハンナ・アーレント（Hannah Arendt）（一九〇六―七五年）は、一九六四年一〇月二八日の対談で、ナチズムを生きのびたものはなにかと問われて、「ドイツ語こそが残された本質的なものである」と答え、ドイツ語についてこう述べた。

狂ってしまったのはドイツ語ではないでしょう。さらに、母語に代わるものはありません。（アーレント　二〇〇二、一九頁）

この発言は二つの点で誤っている。第一に、アーレントが愛してやまない「ドイツ語」はけっして素朴な「母語」ではなく、「国語」であり、第二に、「国語」としてのドイツ語は二度の戦争を惹き起こしたナショナリズムにたいして無罪ではなかった。

まず母語についていえば、母語はそのままのかたちでは、国家を支えることば、つまり「国語」にはなれない。「母語」には方言がつきまとう。たとえば津軽弁も熊本弁も日本語にはちがいないが、おたがいうまく話が通じない。そこで、ある特定の方言を共通語に格上げして、ほかの方言を駆逐する必要がある。とはいえ、特定の方言がすぐさま共通語になれるわけではない。本来方言は「話しことば」だが、国家が必要としているのは「書きことば」である。したがって、「国語」が成立するためには、話しことばを規格化し、それに統一性を与える必要がある。こうして、言語純化運動が起こり、「文法」なるものが生まれてくる。

フランスの言語純化運動

現代のフランスを考えてみよう。われわれはフランスでフランス語以外の言葉が語られているという事実をふだん意識することがない。しかし、フランスではいまでも多くの方言が話されている。田中克彦『ことばと国家』（一九八一年）に掲載された次頁の図からわかるように、「西端にはブルトン語が、スペインとの国境地帯にはバスク語とカタロニア語が、ベルギーとの国境にはフラマン語が、アルザスとロレーヌ（ドイツ語ではエルザスとロートリンゲン）にはドイツ語に似たことばが、また、全土の三分の一にあたる南部にはプロヴァンス語などを含むオック諸語が話されている」（田中 一九八一、七九―八〇頁）。

ハンナ・アーレント

田中によれば、この事実を意識することが少ないのは、フランスが「両者〔国家と言語〕の関係をはっきりと法律で規定した最初の例」であり、しかもそれは「フランス語の特権的地位を明らかにしたのみならず、他の言語のいっさいの使用を排除することを目的としていた」（同書、七九頁）からである。フランスではフランス語の「国語」化はかなり早い時期に開始されていた。たとえば一五三九年にフランソワ一世は「ヴィレル＝コト

フランスにおける言語分布（田中克彦『ことばと国家』80頁に掲載された地図をもとに作成）

レの勅令」を発布し、その一一〇条と一一一条でフランス国内の公的生活では、王の言語のみが国家の言語であるとして、「すべての裁判や公務において」「フランスの母語（langage maternel）だけで、発音され、記録され、伝えられるべき」ことが決定された（同書、九〇頁）。「ラング・ナシオナル」すなわち「国家の言語」ということばがはじめて出現するのはフランス革命以後だが、その「国語」の実質的な中核は、すでに一五三九年に法的措置によって確立されていた。

さて、このようにフランス語が「国家の言語」に指定されると、次には名前の法的規制が登場する。公務員がフランス語以外の言語で書き署名することを禁じた一七九四年から一〇年後の一八〇四年のナポレオン法典は、新生児に付けることのできる名前は「各種の暦のなかに記されている名と、昔の歴史のなかの有名な人物の名に限る」と規定した。結果的に、フランス人が選びうる名前は五〇〇にすぎなくなる。そんなとき、子供にブルトン語の名前をつけて出生届を出したところ、拒否されるという事件が起こった。彼は出生を認められないまま二〇歳の青年になり、そのあいだ入学試験、運転免許証の取得、銀行預金口座の開設、旅券の入手などの市民的権利の行使を拒否されつづけた（同書、八三頁）。

フランソワ1世

ドイツにおける祖国と母語の結婚

こうした祖国（Vaterland）と母語（Muttersprache）

エルンスト・モーリッツ・アルント

の結婚は、フランスよりもドイツのほうがさらに親密なものになった。というのも、当時フランスでは近代国家が成立していたが、ドイツではむしろ逆に一八〇六年に中世からつづいてきた神聖ローマ帝国が滅んでしまったからである。この帝国の実権はとっくの昔に有名無実と化していたが、名目的にではあれドイツという名前に統一的なイメージを与えていた。そのあとに残されたのはさまざまな支配者たちがばらばらに支配する領邦国家でしかなかった。したがって、ドイツの人びとが瓦礫から新しいドイツ国家を蘇らせようとしたとき、よりどころにできるのは、「新しい統一的な言語」だけであった。ドイツでは統一国家を求める熱烈な要求は、「洗練されたドイツ語」にたいする要求として現われるほかなかったのである。

　プロイセンで「ユダヤ人解放令」が出された一年後にエルンスト・モーリッツ・アルント（Ernst Moritz Arndt）（一七六九―一八六〇年）の「ドイツの祖国（Des Deutschen Vaterland）」という詩が大流行する。その一節はこうなっていた。

　ドイツの祖国とはなにか。

ドイツのことばが響くかぎり、
神が天にうたうかぎり、
この国をかく呼ばん。

ドイツの母語が日常語として鳴り響いているところではどこでもドイツの祖国が存在するというわけである。したがって、これ以後、洗練されたドイツ語（新高ドイツ語がその候補となった）を話せる市民、つまり「教養市民（Bildungsbürger）」になることが、ドイツ「国民」の基本条件となる。アルント・クレーマー『ドイツのユダヤ人――ドイツ語』によれば、カント以後のドイツ思想の展開は、こうした言語純化運動を背景にして理解できる。

教養市民としての文化国民というコンセプトが最終的に足場を固めうるには、まずその前に言語のきわめて卓越した役割が体系的・哲学的に裏付けられなければならなかった。このことは伝統的な哲学にもとづいては実現できなかった。〔…〕いま述べたような方向転換は二つの名前に結びつけることができる。〔ヴィルヘルム・フォン・〕フンボルトと〔ヨハン・ゴットフリート・〕ヘルダーである。（Kremer 2007, S. 38）

つづいてゲーテ（Johann Wolfgang von Goethe）（一七四九―一八三二年）とシラー（Friedrich von Schiller）（一七五九―一八〇五年）が登場して、ドイツ語をさらに洗練し、芸術的な美さえ与える。フンボルト、ヘルダー、ゲーテ、シラーが展開した運動は、文学的・芸術的な運動であると同時に、新しい文化国家の基礎を準備するような国民運動でもあった。

この動向はドイツで解放されたユダヤ人にとっても重要な意味をもっていた。彼らがドイツ人と同じく来たるべき文化国家の平等な国民となるには、彼らもまたドイツ人に劣らない洗練されたドイツ語を身につけなければならなかった。ドイツ・ユダヤ人たちのだれもがゲーテ、シラーの文章を暗誦できたのも、ハインリヒ・ハイネ（Heinrich Heine）（一七九七―一八五六年）やゲオルク・ジンメルのように、ドイツ人以上にドイツ人らしい洗練されたドイツ語を書けたのも、そのためである。

言語純化運動が進んでくると、問題になるのはやはり「名前」である。ドイツ語をどれほど流暢《りゅうちょう》に話せても、名前によってただちにドイツ人でないことが知られてしまう。そこで、ユダヤ人はドイツ人らしい名前に変えようという要請に素直に従った。

ディーツ・ベーリングが『スティグマとしての名前――一八一二年から一九三三年までのドイツの日常における反ユダヤ主義』において教えるところによれば、ただちに放棄されたユダヤ人のファミリーネームのベストテンは以下のとおりである。

1レヴィ、レヴィン（Levi, Levin）　2ヒルシュ（Hirsch）　3モーゼス（Moses）　4マルクス（Markus）　5ナータン（Nathan）　6ザロモン（Salomon）　7リープマン（Liepmann）　8ベンディクス（Bendix）　9イーザク（Isaak）　10ザムエル（Samuel）

1、3、5、10などが放棄されたのは、典型的な旧約聖書の名前だからであり、2、4、8などが放棄されたのは、ヘブライ語を思いださせるような代用された名前だったからだ。たとえば、「ヒルシュ」は「ナフタリ(Naphtali)」、「マルクス」は「モルデカイ(Mordechai)」、「ベンディクス」は「バールーフ(Baruch)」の代用であった(Bering 1987, S. 58)。

こうして、一八一二年にはファミリーネームの選択手続きは完了し、すべてのユダヤ人は改名の代償として保護状を得た。国王は一八一六年に「罰を受けたくなければ、名前を変えてはならない」ことを決定し、一八二二年には「名前を変えられるのは領邦君主の認可があるときだけである」ことを定めた。選択の余地が残されたのは新生児のファーストネームだけになったが、これが次に問題になる(Ebd., S. 62)。

一八一四—一五年、ナポレオン戦争後のヨーロッパの秩序回復のために開かれたウィーン会議以降、ドイツでは反動勢力が支配権を握る。反ユダヤ主義がふたたび勢力を盛りかえし、それが名前の問題にも影を落とすことになった。名前の問題の方向が逆向きになってしまう。それまでユダヤ人がユダヤ人を連想させるような名前を捨てて、ドイツ人らしい名前を付けるように求められたのは、あくまで同じドイツ国民になるためであった。ところがいまではキリスト教徒やドイツ人らしい名前を付けることが禁止される。そうでなければドイツ人とユダヤ人を識別できなくなるからである。

フリードリヒ・ヴィルヘルム三世は、まず一八一六年八月二九日、「洗礼を受けていないユダヤ人の子供にたんなるキリスト教的な洗礼名だけを与えること」を禁じ、一八二八年一一月三〇日にはこの禁令に従わない者を警察が厳格に処罰することを求めたが、十分な効果が得られなかったので、一八三六年にも次のような勅令をふたたび出さなければならなかった。

「フェルディナント」という名前にかんして言えば、一八二八年一一月三〇日の私の勅令において、ユダヤ人はキリスト教的なファーストネームを付けてはならないことが明確に規定されている。しかし、この勅令は重視されておらず、その原因はむろん、警察当局がそれを十分慎重に遵守していないためである。したがって、私の命令があらためて肝に銘じられるべきである。(Ebd., S. 74)

フリードリヒ・ヴィルヘルム３世

ドイツ・ユダヤ人たちはこの勅令にも従順であろうとした。それにもかかわらず十分な成果を上げられなかったのは、「キリスト教徒」特有の名前とはいったいどんな名前であり、ドイツ人だけがもつ名前とはどんな名前かという問題に突きあたったからである。ケーニヒスベルクのユダヤ人コミュニティは一八三六年一〇月の請願書においてこう訴えている。

私たちはラテン語、ギリシア語、ヘブライ語、ドイツ語、英語などの名前ならたしかに区別できますが、「キリスト教的な」名前となると区別できるものでしょうか。たしかに多くのドイツ人は、ヘルマン、ハインリヒ、ジークフリート、ゴットハルトなどの名前をもっていますが、しかしこれらの名前は、キリスト教的とも、ユダヤ教的とも、イスラム教的とも呼ぶわけにはいきません。(Ebd., S. 86)

ベルリンのユダヤ人コミュニティも、この勅令への対処に困り果てていたので、レオポルト・ツンツ(Leopold Zunz)(一七九四―一八八六年)にこの課題を解決してくれるように依頼した。こうして、一八三六年一〇月にできあがったのが『ユダヤ人の名前――歴史的研究』である(この著作の刊行を引き受けてくれる出版社は、プロイセンには見つからなかった。プロイセン政府の怒りを恐れたためである。そのため翌三七年にようやくザクセン州のライプツィヒで出版された)。この著作は、ユダヤ人の名前にかんするユダヤ人自身による最初の学問的考察としてきわめて重要である。

第二節　レオポルト・ツンツ『ユダヤ人の名前』

まずツンツはみずからの著作の目的をこう語る。

ユダヤ人の名前とキリスト教徒の名前は、二つの両立しない要素のように語られてきた。われわれはこうした見解をさしあたりそのままにしておいて、この契機の起源と性格について二〇〇〇年以上にわたる歴史に問いたずねてみよう。

(Zunz 1837, S. 2)

レオポルト・ツンツ

ツンツは改革派の聖職者であり、ユダヤ教を近代科学の立場から解明する「ユダヤ学（Wissenschaft des Judentums）」の創始者でもある。彼は、「文明国ではユダヤ人はかつてないほどの解放に近づいている」（Ebd., S. VII）ことを確信している。したがって、この解放を決定的なものにするには、ユダヤ人の名前についてさまざまな謬見《びゅうけん》を広めている反動勢力の息の根をこの歴史研究によって止めなければならない。

古代ユダヤ人の名前

そこで、ツンツはまずユダヤ史の起源にさかのぼる。大方の予想としては、太古のユダヤではまだほかの国との交渉がすくないだけに、多くのユダヤ的な名前やヘブライ語の名前が支配的であったと考えたくなる。だが、じっさいにはそうではない。太古の時代からすでにユダヤ人の名前は国際的なのである。

ペルシア時代の最初の一〇〇年（紀元前五三六―前四三二年）を見ても、ユダヤ人の名前のなかには多くの新しい名前が見つかる。たとえば、バビロンへの離散を意味する「ゼルバベル（Serubabel）」、イランを意味する「エラム（Elam）」などである。さらに他民族、とりわけアラム人の名前にあやかった名前もすでにある。たとえばアラム語の接尾辞aiが目に付く（「ベバイ（Bebai）」、「アトライ（Atlai）」、「シャガイ（Chagai）」、「イライ（Ilai）」、「ザッカイ（Sakkai）」など）。名前全体がアラム語の語根を借用し、アラム的な色彩をもつ名前（「メシェザベル（Meschesabel）」、「メハタベル（Mehatabel）」）、アラム語的な活用をもつ名前（「シェレビヤ（Scherebja）」、「スビナ（Sbina）」、「シャティタン（Chatitann）」など）もある。

バビロニア人やペルシア人からも名前が借用される（「モルデカイ（Mordechai）」、「ベルトゥシャザール（Beltschazar）」、「シェナザール（Schenazar）」、「シェシュバザール（Scheschbazar）」など）。ヘブライ語の「トビア（Tobia）」、アラム語の「レフム（Rechum）」、カルデア語の「シャレゼール（Sharezer）」は、異教徒もユダヤ人も共通に使っていた（Ebd., S. 3-6）。次の一〇〇年（紀元前四三一―前三三〇年）になると、エズラ時代以降多くの新しい名前が登場する。たとえば冠詞をもつ名前、「ハ・カタン（Ha-katan）」、「ハ・ピゼズ（Ha-pizez）」、「ハ・ゼフェレト（Ha-seferet）」などはその一例である（Ebd., S. 6-7）。

ギリシア・ローマ時代

ギリシア人の支配はユダヤ人にギリシア的な名前ももたらした。「アレクザンダー（Alexander）」、「アミンタス（Amyntas）」、「アンドロニクス（Andronicus）」、「アンティゴヌス（Antigonus）」などである（Zunz 1837, S. 6-11）。ローマへの依存が増すと、ローマ的な名前が入りこんでくる。たとえば、「アグリッパ（Agrippa）」、「アグリピヌス（Agrippinus）」、「カストール（Castor）」、「ドムヌス（Domnus）」、「ユリアヌス（Julianus）」、「ティトゥス（Titus）」などである（Ebd., S. 18-21）。

ツンツは、古代におけるユダヤ人の名前のありかたを次のように要約する。

みずからがそのもとで生きている民族の言語と名前をわがものとするというこの当然の出来事を、だれもユダヤ人に禁じはしなかったし、支配民族はそれをひとつの権利として認めてさえいた。〔…〕というのも、言語は太陽や空気と同じように、階級や宗派に関係のない共有財産だからである。（Ebd., S. 35-36）

中世ユダヤ人の名前

中世になると、キリスト教がヨーロッパ世界を支配するようになり、ユダヤ教への迫害も激しくなるが、名前にかんするかぎり、中世においても事態は古代と変わらない。名前が禁止されたり押しつけられたりすることはなく、好きな名前を付けるという権限にあいかわらずどんな制限もなかった。

啓蒙主義の一八世紀

ゴットホルト・エフライム・レッシング（Gotthold Ephraim Lessing）（一七二九―八一年）が『ユダヤ人』（一七四九年）でユダヤ人差別を批判し、『賢者ナータン』（一七七九年）でキリスト教、ユダヤ教、イスラム教の共存を説いたときに、そしてクリスティアン・ヴィルヘルム・ドーム（Christian Wilhelm Dohm）（一七五一―一八二〇年）が『ユダヤ人の市民的改善について』（一七八一年）においてユダヤ人の市民的平等を主張したとき、「ユダヤ人の市民生活と精神生活に新しい時代が始まり」、その影響は名前にまで及んだ。ドイツ人たちは文明開化の影響で、「フィスリン（Fisslin）」、「イテル（Itel）」、「ホッセル（Hossel）」、「コスマン（Kosman）」、「メツォ（Mezo）」、「メザ（Mesa）」、「プッペリン（Pupelin）」、「ザルグント（Salgund）」、「ゼクリン（Seklin）」などの古めかしい名前を捨てはじめたが、ユダヤ人もこれにならい、ヨーロッパ的な名前を名乗りはじめた。

レオポルト・ツンツはこのように二〇〇〇年にわたるユダヤ人の名前の歴史を概観したのちに、次のように結論する。

> 人間ではなく神が与えたものにたいする権利を、苦労して勝ちとるというのはなんのためだろうか。肉体と魂、空気と言語、精神と感情は万人の不可侵の財産である。名前の所有も名前の選択も両親と家族の神聖な権利であり、どのような法律的行為もそれを侮辱することはできない。そんなことをしても道徳を促進することにはならないし、無秩序を阻止することにも、宗教に繁栄をもたらすことにもならない。キリスト教は愛と認識のために登場したのであって、みずからの信者を特別あつかいするためではない。（Zunz 1837, S. 124）

しかし、人間の名前は「万人の不可侵の財産」であるというツンツのこうした提言は、一九世紀の最後の三〇年間にふたたび激しくなった反ユダヤ主義によって無視されてしまう。ユダヤ人たちがドイツ社会に溶けこみ、それまで彼らを識別する標識であった衣服、儀礼的食事習慣、独自の祝祭日、特殊な言語表記（ヘブライ語、イディッシュ語）を改めていったために、反ユダヤ主義者に最後に残された識別標識は「名前」、とりわけファミリーネームであった。彼らは、あくまで「ユダヤ的」な名前の存在を主張して、ユダヤ人の改名の権利を奪おうとした。第一節で紹介したベーリングの『スティグマとしての名前』によれば、こうした反ユダヤ主義の勝利を決定的に示したのは、一八九四年三月一二日の勅令である。

ファミリーネームの改名の申請は〔…〕十分な理由がなければ認められない。たとえば、よりよい生計を目的として、あるいは、反ユダヤ主義を考慮してユダヤ出自を示す名前を別の名前と交換するばあい、その申請は十分な理由をもつとみなされてはならない。(Bering 1987, S. 133)

一八九八年八月一五日には、ファーストネームの勝手な改名も罰せられることになり、一九〇三年九月二五日には、キリスト教に改宗するさいに改名するというユダヤ人の権利も取り消される。あくまでユダヤ人には「ユダヤ人の」名前をというわけである。

だが世紀転換期ごろになると、ユダヤ人の側にも新しい動きが現われる。彼らのほうでも「ドイツ人の名前」を捨てて、「ユダヤ人の名前」を付けようという主張が現われるのである。この動きを促進したのはいうまでもなくシオニズムである。たとえば、R・ビーラーという人物が雑誌『世界』

（一九〇二年七月四日、第二七号）に「ユダヤ人の名前について」という記事を寄せている。彼によれば、「自分たちの先祖の名前を保持することは、いまや失われてしまったように見える先祖への誇りという喜ばしい感情でわれわれを新たに満たし、血統全体の絆を確かなものにするのに役だつ」だけではない。「ヘブライ語の名前は、〔全世界に散らばった〕われわれをふたたびひとつに統一し」、「アラビアに住むユダヤのベドウィン人と、ロンドンのユダヤ人紳士がおたがいに握手」できるようにする（Bierer 1902, S. 7）。

だが、これとは正反対の理由で「ユダヤ人の名前」が求められるばあいもある。クロアチア人、チェコ人、トルコ人など多民族が暮らすボスニア地方のユダヤ人グスタフ・ザイデマンは、同じく『世界』誌に「われわれは子供にどんな名前を付けるべきか」という記事を投稿し、ユダヤ人の名前を付けるべきだと結論する。ユダヤ人がほかの民族と共生するためにもっともたいせつなのは中立を保つことである。したがって、もしその地で有力なほかの民族の名前を付ければ、それを理由にほかの民族に追放されたり弾圧されたりしかねない。またほかの地に移住したとき移住先でよそ者や敵とみなされる危険性もある。それに、鉤鼻などユダヤ人の身体的な特性は隠せないのに、ユダヤ人らしくない名前を付けていれば、逆にみずからの劣等感を暴露し、軽蔑されるだけである。ザイデマンは、シオニストのように全世界に離散しているユダヤ民族の統一のためではなく、むしろほかの民族と暮らしていくために「ユダヤ人の名前」を必要としているのだ（Seidemann 1902, S. 5-6）。

第三節　ローゼンツヴァイクにとっての国家と言語

国民国家は、ユダヤ人に深刻な問題を突きつけた。国民国家はユダヤ人がユダヤ人としてのアイデンティティを捨てて、その国の国民になりきること、つまり「同化」することを要求したからである。しかし、彼らが望んでいたのはあくまでユダヤ人のままでほかの人びとと「共生」することであった。したがって、「共生」の可能性を切り拓こうとすれば、「国民国家」という政治装置と「国語」という言語装置に代わる新しい可能性を模索しなければならない。この二つの課題にもっとも直接的に取りくんだのが、フランツ・ローゼンツヴァイク（Franz Rosenzweig）（一八八六―一九二九年）である。彼はまず、国民国家が隆盛をきわめた二〇世紀初頭に、国民国家に代わる新しい共同体のありかたを模索した。そして、その夢が第一次世界大戦におけるドイツの敗戦とともに潰《つい》えさると、こんどは「国語」の神話性を批判し、言語の本質が「対話」という共生の装置にあることをあきらかにしようとした。彼のこうした努力の晩年における到達点が「名前論」にほかならない。

国家から言語へ

大学でフリードリヒ・マイネッケ（Friedrich Meinecke）（一八六二―一九五四年）に歴史学を学んだ彼は、一九一二年にその指導のもとにヘーゲルの国家論についての博士論文を書きはじめた（この論文は一九一四年には完成していたが、戦時の混乱などもあって一九二〇年にようやく『ヘーゲルと国家』として刊行された）。ローゼンツヴァイクがヘーゲルの「国家論」という当時もっとも人気のないテーマをあえて選んだのは、そこに国民国家とは別の新しい共同体の可能性を見たからだ。そのヒントを与えてくれたのは、師マイネッケの『世界市民主義と国民国家』（一九〇七年）である。これまで世界市民主義とナショナリズムはたがいに相容れない考えかただとされてきたが、マイネッケによれば、フランス革命は啓蒙主義の普遍的な世界市民主義的理念にもとづいて世界初の国民国家をつくりだした。そうだとすれば、「ドイツにおいても、国民国家思想の発生は、〔世界市民主義的な〕普遍的理念と国民的理念のあいだのこのような緊張の結果おこったのではなかろうか」（マイネッケ 一九六八、一八頁）。マイネッケの著作の主要課題はそれを証明することにあった。

しかし、マイネッケはこの普遍的理念と国民的理念の相克がドイツ国民国家思想をたくましく豊かにしたことは認めながらも、ドイツの現実政策を妨げ、ドイツ国民国家の成立を遅らせた元凶としかみない。それにたいして、ローゼンツヴァイクはこの相克のうちにこそ共同体の新たな可能性を期待する。『ヘーゲルと国家』の目的はこうである。

〔ヘーゲル〕国家思想の生成過程をその思想家の生涯をつうじて追跡することで、その思想をいわば読者の目の前で解体し、それによって内的にも外的にももっと広々としたドイツの未来への展望を開く。（ローゼンツヴァイク 二〇一五、九―一〇頁）

フリードリヒ・マイネッケ

ヘーゲル国家思想が拓く「未来への展望」とはなにか。それは「国民的な文化共同体」である。「彼〔ヘーゲル〕にとって国家そのものがときおり国民的な文化共同体という相貌を帯びることができた」（同書、四二七頁）。それでは、ローゼンツヴァイクが考える「国民的な文化共同体」とはどのようなものか。たとえば一九一五年一二月一一日の「日記」にはこうある。

〔ヘルマン・〕コーヘンの国家連合の概念は一九世紀的な特徴をもっている。彼にとって国民国家は自明事なので、諸民族の統一体を国家連合（Staatenbund）としてしか考えられず、諸民族国家（Völkerstaat）とは考えられないのである。（Rosenzweig 1979, S. 182）

ローゼンツヴァイクが理想とするのはかつてのオーストリア帝国のような多民族国家であり、じっさい彼は、第一次世界大戦にドイツが勝利することによって、「中欧」に新しい文化共同体が形成されることを夢見ていた。そこでは各民族による地方自治がおこなわれる。「ここでは個々の民族は国家というかたちで統一された諸民族の文化共同体に服し、支配的な民族に服しない」（Ebd., S. 181）。だが、ドイツの敗戦によってこの夢は完全に潰えさった。「結果は違っていた。当時帝国があった場所を示すのは廃墟だけ」（ローゼンツヴァイク 二〇一五、一〇頁）だった。もっとも、敗戦がなくてもこの構想が維持されえたとは思えない。新しい共同体の実現がドイツの武力に依拠している以上、そこではドイツ民族が「支配的な民族」になるに決まっている。ドイツ敗戦以前の一九一七年頃から、ローゼンツヴァイクの政治的発言は背景に退いていく。

対話的思考と名前

ドイツ敗戦の色濃い一九一八年八月にバルカン戦線の塹壕のなかで書きはじめられ、二一年に刊行された『救済の星』では、国家思想はいっさい姿を消し、それにかわって言語的考察が前面に押しだされる。ここでローゼンツヴァイクが新たに打ちだす戦略は、国民国家を支える「国語」の神話性をあばき、言語が選別の道具ではなく、共同体のうちで生き、共同体をつねに創出する装置であることをあきらかにすることだ。そのために、彼はヴィトゲンシュタインと同様に、言語の常識的な用法に立ちもどることを提唱する。では、言語の常識的な用法とはなにか。「呼びかけと応答」つまり「対話」である。

いまだれかがだれに言うともなく突然「私はきのうドライブに行った」と言ったとしよう。われわれはその人を気味悪く思うにちがいない。この発言は従来の言語学が考えてきたように、きのうの私の出来事を客観的に「記述」しているだけではないからだ。「私はきのうドライブに行った」と語るのは、たとえば「きのうはなにしてたの?」といった他者からの問いかけに答えるためである。さらに、「私はきのうドライブに行った」と語ったあとに、だれもそれに反応せず無視されれば、ムッとするにちがいない。この発言は「それはよかったね」とか「だれと行ったの?」という他者の応答を期待している。それ自体がふたたび他者への呼びかけなのである。〈私〉がなにかを語りうるためには、対話の相手である〈あなた〉の動機づけがなければならない。

だがそうだとすれば、〈私〉はほとんどのばあいみずからなにを語るかを知らない。「私はきのうドライブに行った」という発言によって、「だれと行ったの?」という応答を期待しても期待どおりになるとはかぎらない。〈あなた〉は「天気はどうだった?」と言うかもしれない。すると、〈私〉は予定していた応答を変更して、別のことを語らなければならない。〈私〉はつねに臨機応変に語らなければならないのであり、〈私〉は〈あなた〉によっていつも思いもよらぬ「新しいこと」を語らされる。だが、ここにこそ言語の創造性がある。

そうだとすれば、言語から「国語」を純化して、自国民と他国民をきっぱりと選別しようとする企ては徒労に終わる。言語はどこまでも「他者」によって「染めあげられている」からだ。純粋な「国語」にたどりつこうとする努力は、タマネギの皮をむくようなものであり、最後にはなにも残らない。さらに、そうした努力は言語の創造力を枯渇させることにしかならないだろう。言語はつねに〈われわれ〉の共同体のうちに生き、そこで不断に生みだされている。

だが、ここにひとつ問題がある。文字どおりの対話がなりたつには、他者が目の前にいることが必要である。そうだとすれば、対話が可能にする〈われわれ〉の範囲はきわめて限られたものになる。なぜなら、ほとんどの他者は不在だからだ。他者は目の前にいないだけではなく、当然と言えば当然のことながら、次々に故人になっていく。「人類のほとんどは不在である」。この難点を克服するには、言語そのものが対話的構造になっていることを証明しなければならない。ローゼンツヴァイクによれば、この「対話性」をもっとも端的に体現するものこそが「名前」にほかならない。なぜなら、「名前」は本来「呼びかけ」のための言葉だからである。

名前というものはそれが呼ばれるときにのみ生きたものになる。呼格こそがその唯一の正格（casus rectus）であり、主格でさえすでに斜格（casus obliquus）にすぎない。（一九二七年六月二三日のマルティン・ゴルドナー宛書簡。Rosenzweig 1979, S. 1162）

学校的な文法によれば、たとえばドイツ語では格には主格、属格、与格、対格、呼格の五つがあり、主格が基本的な格なので「正格」と呼ばれ、ほかの格は主格の格変化によってつくられるので「斜格」と呼ばれてきた。しかも、「呼格」は「斜格」のなかでも派生的なものとしてしかあつかわれない。伝統的な言語観にしたがえば、言語の本質的使命は対象を記述し伝達することにあり、呼格以外のすべての格はそのための装置とされてきたからである。だが、「やあ、村岡さん」や「おーい、雲よ」といった呼格はいったいなにを記述しているのだろう。――なにも記述してはいない。伝統的な文法では「呼格」はやっかいものにならざるをえない。しかし、ローゼンツヴァイクはこともあろうに、呼格としての名前を主役の座に据える。

名前は従来のすべての論理学にとってはその限界とみなされてきた。名前はほんとうは健康な論理学の中心である。というのも、名前こそがみなさんの現実認識の中心であり、現実生活の中心だからである。（ローゼンツヴァイク　二〇一九a、九四頁）

『救済の星』を刊行したのちに、ローゼンツヴァイクは「名前」の問題に精力的に取りくみはじめる。みずから開設した「自由ユダヤ学舎」では、「名前」にかんする一連の講義をおこなっている。たとえば、「ユダヤ的思考への手引き」（ローゼンツヴァイク 二〇一九a）では名前一般を、「神についての学」（ローゼンツヴァイク 二〇一九b）と「人間についての学」（ローゼンツヴァイク 二〇一九c）においてはそれぞれ神の名前と人間の名前を考察している。さらに『健康な悟性と病的な悟性』では、『救済の星』の中核を成す第二巻の「第一章 創造」と「第二章 啓示」と「第三章 救済」のそれぞれに対応するかたちで、「事物の名前」と「人の名前」と「神の名前」が順々に解説されている。

しかし、「村岡晋一」といった人名なら呼び名であり呼格かもしれないが、「犬」や「石」といった事物の名前や、ましてや神の名前までそう言えるだろうか。結論を先取りしていえば、名前の呼格的性格は、事物の名前↓人の名前↓神の名前と進むにしたがってあらわになり、言語の対話的本質がこの順序でいっそうあきらかになる。そこで、まず「事物の名前」から始めることにしよう。

第四節 事物の名前——名前の論理学

どんな事物にもすでに名前がある。[1] 事物は「門をくぐったところにある自分の場所がすでに名前によって占められているのを眼にする」（ローゼンツヴァイク 二〇〇九、二八七頁）。事物は名前なしには存在できそうにない。それにもかかわらず、名前は「外から」事物にやってくる。名前のこうした「内部性」と「外部性」の矛盾をどう考えればいいのだろうか。そこでまず、事物はなぜ名前を必要とするかを考えてみよう。

いまあなたはチーズが食べたいと思い、チーズを買いに店に出かけるとしよう。この行動がスムーズにおこなわれるにはどのような前提が必要だろうか。まず店に向かうあいだ自分が食べたいチーズのイメージを心に抱いていなければならない。店にわざわざ出かけようと思うのは、きのう食べたチーズの味が忘れられないからである。あなたはこのきのうのチーズのイメージをたずさえて店に行き、店員が切り分けたチーズを購入する。しかし、それで満足できるだろうか。なぜなら、あなたの記憶のなかにあるチーズといま切り分けられたチーズはそれぞれ別個の特殊な性質をもっており、けっして完全に同じではないからだ。特定のチーズが食べたいのに、それとは似ても似つかないチーズを手にいれても満足できないはずである。したがって、あなたが満足するには、このそれぞれ異なる特殊なチーズに共通していて、両者を結びつける第三のものがなければならない。この第三のものは最終的には、個々のチーズの個別的な特殊性をいっさい超越した普遍的なもの、つまり「チーズ一般」でなければならないだろう。伝統的な西洋哲学は、この奇妙なものを「イデア」とか「本質」と呼んできた。

しかし、あなたは「チーズ一般」とか「チーズのイデア」などをいったいいつどのように頭のなかで思い浮かべたのだろうか。そんなものはだれも見たことがないし、それを「眼で捉えようとするやいなや雲散霧消してしまう」（ローゼンツヴァイク　二〇一一、二九頁）。常識的な思考はこんなやっかいなものを必要としない。きのうのチーズからきょうのチーズへのこの変化全体を無心に観察すれば、そうした変化にもかかわらず残っているのはチーズという「名前」だけである。

それははたして現実にたんなる言葉、たんなる名前でしかないのだろうか。そうである。たんなる名前でしかないのである。すべてのほかのものは変化してしまったが、名前はそのままなのである。〔…〕言葉こそは唯一永続的なものであり、かつてあったし、いまもあるし、これからもあるだろうと言える唯一のものである。名前だけがきのうもきょうもあすもある。（同書、二九—三〇頁）

世界の被造性

名前から見た事物の世界は奇妙なありかたをしている。事物それ自体ははかないので、みずからの同一性を保証してもらうために、唯一永続的なものである名前を必要とする。だが、名前は外からやってくる。したがって、事物は自分自身であろうとすれば、みずからの「内部」に引きこもるのではなく、むしろ「外部」に開かれていなければならない。この世のものはこの世からあの世へと踏みこえるという仕方ではじめてこの世に住みつくことができる。ローゼンツヴァイクは、こうした奇妙なありかたを「被造性（Kreatürlichkeit）」と呼ぶ（ローゼンツヴァイク 二〇〇九、一八七頁などを参照）。この世のものは、ユダヤ・キリスト教が考えたような「被造物（Kreatur）」なのである。

だがそうなると、「外部」のものこそが「真の存在」であり、この存在こそがはかない事物を存在たらしめると考えたくなる。プラトンが語るデミウルゴスによる世界「制作説」も、新プラトン派の「流出説」も、カント批判哲学の純粋直観とカテゴリーによる「構成説」も、すべてこうした考えかたにもとづいている。だが、世界の「外部」である真の存在と事物のあいだになんらかの存在関係が設定されると、事物はこの「外部」に吸収されてしまい、こんどは事物の「内部性」がなりたたなくなる。そうならないためには、世界の事物には真の存在に吸収されないある種の残余がなければならない。こうして、「カオス」とか「第一質料」とか「物自体」といったものが想定されることになる。

だが、こうした救済手段は役に立ちそうにない。「カオス」はその定義からしてなんら内容も実体ももたず、真の存在の吸収する力に抵抗できそうにないからである。したがって、世界の被造性を維持しようとすれば、世界が指し示す「外部」をなんらかの存在として設定するのではなく、いわば空白のままにしておかなければならない。それでは、この世のあらゆるものが指し示す空白のままの外部とはなにか。ローゼンツヴァイクによれば、それは「死」である。

> 創造そのもののうちにありながら創造を超えたもの、この世のもののうちにこの世ならぬものを告知し、生とは異なるものでありながら、それでもやはり生に、生のみに属し、生とともにその最後のものとしてつくられたものでありながら、生を超えたところではじめて満たされることを生に予感させるもの、それこそは、死である。(同書、二三五頁)

世界の被造性から「死」を排除することはできない。この世のものはすべて死を運命づけられている。だがそうだとすれば、「名前」は事物に貼られるレッテルであるどころか、いわば事物の「死」である。「名指す」という行為は、事物に近づき、事物に寄り添う行為ではなく、事物に穴をうがち、事物とそれを超えたものとを架橋する行為なのである。これはいったいどういうことだろうか。これについては、「人の名前」の考察によってもっと具体的にイメージできるようになるだろう。

第五節　人の名前──名前の倫理学

事物の「名前」は、事物の同一性を保証し、その事物に起こるさまざまな出来事を媒介する機能をもっていた。「人の名前」も「名前」であるかぎりそうした働きをする。男が女に結婚のプロポーズをするばあいを考えてみよう。男がプロポーズを決意し、女がそれに応じるなり拒むなりするまでには、どうしても一定の時間がかかる。ロミオとジュリエットのように一瞬のばあいもあるが、プロポーズの手紙が船便で海を往復するばあいのように数週間から数ヵ月がかかることもあれば、戦争の混乱で数年の月日が流れてしまうことだってありうる。時が経ってしまえば、返事をする女もそれを受けとる男も、プロポーズのときとは多少とも変わってしまうことは避けられない。それにプロポーズは二人の全生涯にかかわることだから、プロポーズする者にもされる者にもそののち等しく変化が起こることも否定できない。だが、結婚を申しこむときにもそれに応えるときにも、ひとは一般にそうした変化の可能性など考えないものである。ひとは持続するものにすがりつく。持続するものとはなにか。まったく偏見にとらわれずに観察すれば、二人の「名前」でしかない。

じっさいあの二人にとっては固有名こそが、〈あす〉が〈きょう〉に結び合わされるだろうということの、そして、〈きのう〉が、これまで離れ離れであった二人の人間のすべての〈きのう〉がじっさいにこの〈きょう〉にともに合流するだろうということの、ただ一つの保証なのである。（ローゼンツヴァイク 二〇一一、三一一頁）

だからといって、人の名前はその人の「本質」ではない。われわれはふつう「君はなにか」とは聞かず、「君はだれだ」と聞く。そのとき知りたいのは、君を君たらしめている「本質」などではなく、君の「名前」にすぎない。その証拠に、ひとは「頭がよい」とか「足が速い」という自分がもつ特性は自慢したがるのに、自分の「名前」は自慢しない（ローゼンツヴァイク 二〇一九c、二〇四頁）。一見「名前」そのものを自慢するように思えても、名前が表わす「家柄」や「身分」を自慢しているにすぎない。

「命名」という行為

その点では「事物の名前」も「人の名前」も変わりがないが、決定的な違いがある。事物を「名指す」とは、すでに与えられている名前を呼ぶことでしかない。「犬」や「山」といった一般名詞でも、「富士山」や「信濃川」といった固有名詞でもそれは同じである。それにたいして、「人の名前」はすべて固有名詞だが、事物の固有名詞とは違って、名前がいままさに生まれる場面に立ちあうことができる。たとえば、私は自分の子供にみずから名前を付けることができるし、キリスト教徒であれば洗礼式に出席することもできる。たしかに自分の名前については、まだ物心つかないうちに両親からもらったのだから、それが生まれる場面に立ち会ったわけではないが、それがいつどこで与えられたかを知ることはできる。人の名前については「命名」という行為がだれにでも可能なのである。それでは「命名」とはどういう行為だろうか。

「命名」とは名前を〈いま〉〈ここ〉で生みだす行為である。しかし、命名行為は現実の世界のうちでおこなわれるのに、命名の〈いま〉と〈ここ〉は現実の世界には属さない。従来考えられてきたように、名前の「意味」はそれが名指す現実の対象だとすれば、命名とは名前と現実の世界をはじめて出会わせる行為ということになりそうだ。だがじっさいには、命名されるとき、人名はその対象に出会うことができない。人名の「意味」はいわばゼロである。なぜなら、命名はこの世に生まれたばかりの赤ん坊にたいしてなされるが、生まれたての赤ん坊はまだなにものでもない。たしかにペンネームのように、大人にたいしても命名は可能である。しかし、この名前もいまから新しい世界にデビューしようとしている人、つまり新しい世界ではまだなにものでもない人を名指すにすぎない。人名は命名される対象の世界における現実的なありかたや内容にはまったく対応していない。命名行為もまた事物を名指す行為と同じように、世界に穴をうがち、それを超越する行為なのである。

姓名とはなにか

とはいえ、ここには事物の名前との重要な違いがある。事物の名前は事物の「死」であった。名前は事物に穴をうがつが、その穴からのぞき見られる外部は空白のままだった。それにたいして、人名によってひとたび〈いま〉と〈ここ〉が定められると、いままで空白だったところに、現実世界の秩序を超えた新しい秩序が展開されはじめる。これを具体的に示しているのが「姓名」である。

一般に人の名前は「村岡・晋一」というふうに二重構造になっている。「姓（ファミリーネーム）」は家族の名前であり、ローゼンツヴァイクが生きたドイツ語圏や日本では多くのばあい、父親の名前だが、「名（ファーストネーム）」はその人自身の名前である。人は「姓」によって過去につなぎとめられているのにたいして、「名」は彼が新しい人間になるべきことを示している。「名はつねに願いを込めた名前である。だれかに「ちなんで」名付けられるばあいでさえそうだし、それどころかそのばあいにこそそうである。というのも、それもまた、その人のようになれと語っているからである」（ローゼンツヴァイク 二〇一一、九二頁）。つまり、命名によって〈ここ〉と〈いま〉が設定されると、それを核として過去と未来へ向けてひとつの時間的地平がそのつど新たに開かれるのである。

> 名前は人間に強制的な想起の言葉と解放的な希望の言葉をともにもたせてやることによって、それ自身すでに人間におのれ自身を超えるよう指示する。（同書、九三頁）

こうして、事物の「死」があったところに、いまや「新しい生」が始まる。どういうことか具体的な例で説明しよう。

「イマヌエル・カント」とはどういう人かと聞かれれば、だれもがそれなりに答えることができるだろう。たとえば、「啓蒙期のドイツで批判哲学を唱えた人」だとか、「『純粋理性批判』といううんざりするほど難解で分厚い本を書いた男」だとか、「たしかどこかの哲学者だ」とかいうぐあいである。そこでいま「イマヌエル・カントは一七二四年四月二二日にドイツのケーニヒスベルクで生まれた」という文章を考えてみよう。この文章はひとつの歴史的事実を語っているし、そのようなものとして理解できる。しかし、もし私が一七二四年四月二二日のケーニヒスベルクにいたとしたらどうだろうか。私はこの文章を理解できるだろうか。なぜなら、「カント」と名指されている赤ん坊は、まだ批判哲学を提唱してもいなければ、『純粋理性批判』を書いてもいなければ、哲学者でさえないからだ。それでは、この文章が歴史的な「真理」として理解できるようになるにはどうすればよいか。この男の子が「カント」になるまで「待つ」ほかはない。ここからすれば、分析哲学の指示理論も記述理論も人間の名前にかんするかぎりあてはまらないことがわかる。人名が「指示」するものはさしあたり不在であり、あらかじめ「記述」することもできないからである。

それではいったいいつまで待てばよいのだろうか。カントが『純粋理性批判』を書くまでだろうか。しかし、カントと言えば、『判断力批判』の著者を思い浮かべる人もいれば、決まった時間に散歩する几帳面な老哲学者を思い浮かべる人もいる。そうなると、われわれはカントが生涯を閉じる一八〇四年二月一二日まで待たなければならないのか。いやいやそれでも話はすまない。現在のわれわれは、カントはドイツ観念論の興隆ののち新カント派によって再評価され、さらにハイデガーによって再解釈されたことも知っているし、グローバル化の現在においてその「永久平和論」が注目されている人物であることも知っている。さらに、哲学史研究をつうじてカントが彼に先だつ「イギリス経験論」の批判者であったことも知るにいたっている。

こうして、カントという「名前」は、それがひとたび特定の〈いま〉と〈ここ〉において設定されると、ただちに独自の成長を遂げはじめる。その意味内容は、カントが一七二四年から一八〇四年までの八〇年間にこの世でじっさいにおこなったことさえも超えて、過去と未来へどこまでも広がっていく。しかもこの広がりには限りがない。未来の人たちは、カントとそれ以前の哲学思想の新しいつながりを見いだすかもしれないし、われわれが夢にも思わなかったような意義をカントに見いだすかもしれないからである。

時　機

現実世界の連続性を切断し、みずからを核として過去と未来への無限な地平をそのつど切り拓くような〈いま〉と〈ここ〉、そのつど死から新たな生を蘇らせるような〈いま〉と〈ここ〉を、ローゼンツヴァイクは「時機（Stunde)」と呼ぶ。

> われわれが探しもとめている新しいものとは、ひとつの〈とどまれるいま（nunc stans)〉でなければならない。つまり、消えさってゆく瞬間ではなく、「立ちどまっている」瞬間でなければならない。このような立ちどまっている〈いま〉は、瞬間とは区別されて時機（Stunde）と呼ばれる。（ローゼンツヴァイク 二〇〇九、四四九―四五〇頁）

そして、「時機」とは次のようなものである。

時機は、立ちどまっているのだから、多様な古いものと新しいものを、さまざまなゆたかな瞬間をすでにおのれ自身のうちに含むことができる。時機は、その始まりと終わりのあいだにひとつの中間を、それどころか中間をなす多くの瞬間をもっているので、その終わりはその始まりにふたたび流れこむことができる。時機は始まりと中間と終わりをもつので、そのつど新しい個々の瞬間のたんなる継起がけっしてなりえないもの、つまり、それ自身のうちへ逆流していくひとつの円環になることができる。(同書、四五〇頁)

命名にとっての真理

そうなると、「イマヌエル・カントは一七二四年四月二二日にドイツのケーニヒスベルクで生まれた」という文の歴史的「真理」はどうなるのだろうか。分析哲学の前提に立つかぎり、この文は一七二四年四月二二日に語られたときには、真理でも虚偽でもない。主語の「カント」に対応する対象がまだ存在しないからである。さらに、この〈ここ〉と〈いま〉が核となって過去と未来の地平がどこまでも開かれてしまい、「カント」という名前の意味がいつか完結することはないのだから、上述の文の「真理」もまた未決定なままになってしまう。

人名とその命名はいまや新しい真理観を必要としている。まず第一に、この新しい真理はどこまでも「時間」にまといつかれている。上述の文の「真理」内容は、つねに増殖・変化しつづけているのだから、〈いつ〉〈どこで〉語られるかに依存する。「真理」そのものがいまや〈いま〉と〈ここ〉という刻印を帯びるのである。

しかし、つねに〈いま〉と〈ここ〉を刻印されている「真理」とはどんな真理だろうか。これを理解するには、〈いま〉と〈ここ〉を定めるのはだれかという問題に答えておかなければならない。それは上述の文章を語る〈私〉だと、ふつうは考えたくなる。〈ここ〉とはその文を語る私がいま立っているところであり、〈いま〉とは私がその文を口にしているその時である。もしそうなら、この「真理」は、実存主義が主張する「真理」に似たものになる。実存主義によれば、すべての真理は「主体的真理」であり、その唯一の真理基準は「私」がそのつど〈ここ〉で〈いま〉それを主体的に選びとったということだけである。実存主義の真理にはいつでも「私」という人称が刻印されていなければならない。

〈あなた〉の〈あなた〉としての〈私〉

しかし、人名を手がかりにするかぎり、〈いま〉と〈ここ〉を決めるのはけっして〈私〉ではなく、むしろ〈あなた〉である。そもそも、命名の〈いま〉と〈ここ〉を決めるのは私ではない。私は自分自身に「命名」することができないからだ。私は自分の名前を〈あなた〉からもらわなければならない。

さらに、私は〈あなた〉によってはじめて〈私〉になれる。私が友人と連れだって街路を歩いていたとき、突然気を失って倒れたとしよう。友人はどうするだろうか。彼は私に向かって、私の名前を連呼するだろう。そして、私が名前の呼びかけに応答できたとき、彼はほっと胸をなでおろす。そのとき彼は、私が「〈我〉にかえった」と思うからである。では、私は〈私〉にかえる以前にはどこにいたのだろうか。「彼は過去の力に服し、外部の呪縛下にあったのであり、〔…〕世界の一部であった」（ローゼンツヴァイク 二〇一一、九〇頁）。私は自分の名前を呼ばれることによって「現在へ、みずからの現在へ、みずからの内面に、おのれ自身のうちに呼びもどされるのである」（同頁）。

　もっと一般的な例を考えてみよう。日常的な場面で「名前」が呼ばれるとき、それとともに「対話」が始まる。「やあ、村岡君！」と言えば、「こんにちは、どうしてた？」という返事が返ってくる。ところが、ひとたび対話が始まると、私は「語る主体」ではなくなる。まず私はたいていのばあい自分がなにを語るかを知らない。すでに述べたように、私がなんの脈絡もなく唐突に「私はきのうドライブに行った」と言えば、異様な感じを与えるにちがいない。対話の場面においては一人称を主語とする文は、たとえば「あなたはきのうなにをしていたの」といった二人称による問いかけや呼びかけを前提とする。私はまず「語る」のではなく「聞く」のである。

> 私はだれか。私は〈私〉だろうか。いやちがう。〔…〕私は君の〈君〉（*Dein Du*）であり、君が〈君〉と語りかける人である。〔…〕「私は私である」はいかなる言表でもない。〈私はある〉に直接ひそんでいるもっとも身近な言表は、私は君が〈君〉と呼ぶ人だということである。〔…〕つまり、私は私のものではなく、君のものなのである。（ローゼンツヴァイク 二〇一九c、二〇二頁）

したがって、あなたが「きのうどこへ行った」と聞いてくるだろうと予想して、「ドライブに行った」という答えを準備しても、その予想はいつでも裏切られる可能性がある。相手は「きのうの天気はどうだった」と聞いてくるかもしれない。そうなると、私は自分が予想もしなかったことを語らされるはめになる。このばあい私はまったく受動的であるように見える。だが、対話がスムーズに進むためには、私は相手に臨機応変に応答し、みずからが語るべきことをそのつど新たに決めなければならない。対話はそれがどれほど長くつづけられようと、原理的には〈いま〉〈ここ〉で始まる。私は同時にこのときはじめてみずからの「主体性」と「自由」を意識する。というのも、そのつどみずから語りはじめなければならないからである。私は「語る主体」ではなく、あなたに語りかけられることによってはじめて「主体」になるのだ。

そうだとすれば、私が〈いま〉〈ここ〉でそのつど語りはじめるやいなや、私にはコントロールできない無限な地平がそのつど開かれる。私の言語行為はまったくの自由にもとづいて〈いま〉生起するが、この行為は応答であるがゆえにその起源は他者の「過去」の発言にある。さらに私の〈いま〉の発言もまたモノローグではなく、だれかに向けた発言だから、「未来」における他者の応答を期待している。しかも、他者も対話者である以上同じ状況にいる。こうして、私が〈いま〉〈ここ〉で語りはじめると、それを核として過去と未来の無限な地平がそのつど開かれる。つまり、対話の〈いま〉もまた「とどまれるいま」であり、対話そのものがそのつど一種の「モナド」なのだ。ただし、このモナドには窓があり、〈あなた〉へと徹底的に開かれている。

贈り物としての真理

こうして、命名にとっての「真理」はいつでも〈あなた（二人称）〉という人称性を帯びている。だが、ローゼンツヴァイクによれば、二人称としての真理とは、真理が〈あなた〉からの「贈り物」だということにほかならない（ローゼンツヴァイク 二〇〇九、六一八頁）。

真理が贈り物だというのはどういうことだろう。それを理解するために、そもそもわれわれはどうして「真理」なるものを必要とするかを考えてみよう。それは、われわれ人間が「有限な」存在だからだろう。生きているあいだにはさまざまな難問が私にふりかかるが、それらについて白黒がはっきりすることはまずない。生きていこうとすればそのつど選択を迫られるが、この選択が正しかったかどうかをけっしてはっきりと知ることはできない。選択することはなにかを捨てることだが、別の人生を生きなおすことができない以上、私は自分が選んだものと捨てたものの価値を比べることができないからである。そして、なによりも私の人生を白黒のはっきりしない灰色のものにしているのは、私の死である。死はどう見ても人生の完成ではなく、人生の理不尽な「中断」でしかない。しかしだからこそ、私は最後に「私の人生はこれでよかったのだ」と自分に言いたいと思い、それを保証するものを求める。ここに「真理」らしきものの起源があるのではなかろうか。

ところが、ここにふたたび哲学的思考が登場して、常識が求める漠然たる真理の「本質」をあきらかにしてやろうと申しでる。真理ははかなく有限な人間存在を絶対的に超えていなければならないのだから、普遍的であり、永遠不変であり、万人に等しく妥当するのでなければならない。しかし、真理がそうしたものであれば、私はそれにすがって「私の人生はこれでよかった」などとはけっして思えないだろう。なぜなら、そうした真理は「だれの」真理でもないからである。この真理は、私が生まれるまえから存在し、私が死んだあともそのまま存在しつづけるだろうし、私がそのあいだにどのように生きようとなんの影響も受けない。そうした真理にかかわりうるのは神ぐらいのものだろうが、そうだとすれば、ニーチェが言うように、私は自分が神でないことにどうして耐えられるだろうか。

近代の進歩思想は、こうした真理観を保存したままで、それをもっと人間に近づけようとする。進歩思想はすべてが完全に完成した理想状態を歴史の終局点に設定して、すべての歴史現象がそれに向かって不可逆的・連続的に進んでいると考える。もしそうなら、たしかにこの歴史の終局は虚焦点のようなものであり、じっさいにはけっして到達できないが、私が歴史のある時点に生きているかぎり、それに向かって不断に近づいていることになる。だが、真理がそうしたものであれば、私はまたもや自分の人生を肯定するどころかそれを悔やまずにいられない。というのも、私はいまここに生まれたばかりに、未来に生まれる人に比べれば真理から永遠に遠いままだからである。とはいえ不思議なことに、だれも未来をうらやんだりはしない。

人間の気質のもっとも注目すべき特性のひとつに、個々人においては非常に深い我欲をもちながら、どの現在も未来に対してはおしなべて羨望を覚えない、という特性がある。（ヘルマン・ロッツェ『ミクロコスモス——自然史のための諸理念と人類の歴史』（一八六四年）（Lotze 1856-64. ベンヤ

ミン 一九九五d、六四五—六四六頁より引用）

「〔だれのものでもない「真理」のように〕私がただ見いだすだけのものは、持ち主のいない品物や、せいぜい遺失物としかみなされ」ず（ローゼンツヴァイク 二〇〇九、六一八頁）、そんなものは結局のところだれからもありがたがられない。真理が人間にとって意味をもつためには、所有者がいなければならない。実存主義はその所有者は〈私〉だと主張する。私が自分の人生をよかったと思えるのは、ほかでもないこの私がそれを選びとったからだ。だが、私が真理らしきものを求めたのは、私の人生をこのように孤独で緊張に満ちたものにするためではなく、もっと安心できるものにしたかったからである。「あなたの人生はそれでよかったのだ」と、だれかに言ってもらいたいからだ。こうして、真理は私以外の人の、つまり「あなた」の所有物であり、それが同時に私のものになるのでなければならない。真理とは原理的に「贈り物」でなければならない。

待つということ

それでは、〈あなた〉のものである真理をわがものにするにはどうすればよいか。真理が永遠不変の真理であれば、それをわがものとする方法は、たとえば理性による「観想（テオーリア）」であるだろう。真理が〈私〉の主体的真理であれば、それをわがものとする方法は、私の主体的な「決断」であるだろう。それにたいして、贈り物である真理をわがものとする唯一の方法は、「待つこと」である。「待つこと」は、「観想」や「決断」といった態度に比べれば、受け身で頼りなげだが、われわれにとって切実な真理は「待つこと」によってしかあきらかにならない。ローゼンツヴァイクはこんなことを言っている。

子供は大人に驚く。しかし、この驚きに含まれている問いにはおのずから答えが与えられる。ある日子供はみずから大人になるからである。女は男に驚愕し、男は女に屈服するが、彼らのおたがいにたいする驚きは、彼らに生まれる愛のうちにその解答と解明を見いだす。〔…〕生きている者は死を前にすると立ちすくむ。しかし、ある日彼自身が死ぬ。〔…〕生そのものが解答をもたらしてくれる。(ローゼンツヴァイク 二〇一一、一三頁)

冗談みたいな発言だが、この発言が意味しているのは、われわれが真理をわがものにするには、「観想」や「決断」のように、生の自然な流れを超越したり切断したりするのではなく、むしろそれに身をまかせ、各自の〈いま〉と〈ここ〉にとどまらなければならないということである。真理はそれぞれの生を〈いま〉〈ここ〉で生きる者にこそ分け与えられるのであり、つまりは「分け前(Anteil)」なのである。

私が私のものにできるものとはなんだろうか。それは、私の内的な〈ここ〉と〈いま〉において私に与えられたものだけである。〔…〕真であることの証明は、〈もっとも各自的なもの〉である個別的な生においておこなわれる。(ローゼンツヴァイク 二〇〇九、六一八頁、六二〇頁)

しかしそうなると、われわれが手にする真理は、細切れの部分的な真理でしかなくなるのではないか。さらに、生の流れに身をまかせている私とは死すべき私である。そうなると、「死がすべての真理に向かってあざけりのことばを投げつけ」ることになりはしないか。「すべての真理はなんといっても現実のひとつのみすぼらしい部分につなぎとめられており、それだけでもすでにみずからが真理であることを否定している」（同書、六一九頁）ことになりはしないか。真理が分け与えられることを、ちょうど一個のパンが千切られて与えられることのようにイメージするなら、たしかにそうだろう。だが、ローゼンツヴァイクは『救済の星』第三巻第三章の「真理の証明」という箇所でこう述べている。

ここでいまやひとつの真理の反旗が死にたいしてひるがえる。この真理は、各自の、受けとられた、与えられた真理として、したがって全体的な真理を否定するのではなく、それを証明するような部分としてその真であることが証明されるので、永遠なものと認識され、公言されるようになる。たんなる部分が「私の永遠の分け前」になったのである。（同書、六一九―六二〇頁）

しかし、「たんなる部分」がいったいどのようにして「全体的な真理」となり、「永遠の分け前」になりうるか。それを知るには、「神の名前」を考察しなければならない。

第六節　神の名前——名前の神学

事物の名前や人の名前はありふれた現象であり、常識的な思考が出発点にするにはふさわしいかもしれないが、神の名前となると信仰をもった人にしか、かかわりがなさそうである。しかし、そもそも名前をもつということは神にふさわしいことだろうか。神に名前を付けるのはいったいだれか。人間だとしよう。しかし、すでにまえがきで述べたように、名前が神にふさわしいためには神の「本質」を言いあてていなければならないが、有限な人間が神の本質を正確に認識できるというのは、信仰に反する思いあがりもいいところである。そうかといって、神は人間にはおよびがたいことを認めるなら、神の命名は神を人間のレベルにまでひきずりおろすことでしかない。いずれにせよ、神の命名は神の冒瀆になってしまう。

したがって、神の名前を呼ぶことが冒瀆にならないためには、神みずからが名乗ってくれるのでなければならない。神が名前をもつのは人間によって「呼びかけて」もらうためである。その点では神の名前も事物や人の名前と同様に「呼格」であることに変わりはない。

> 神の名前も固有名や事物を表示する言葉と同じようにそれ自身はけっしてその名前の担い手「である」わけではないという点では、この三つは共通している。（ローゼンツヴァイク 二〇一一、一〇六頁）

しかし、ここでひとつ疑問が生まれる。神が人間にわざわざ自分の名前を教えるのは人間に呼びかけてもらいたがっているからだ。そうだとすれば、神は人間を必要としており、人間に依存していることになりはしないか。だがローゼンツヴァイクによれば、神の名前が呼ばれるのは、人間の名前が呼ばれたり、事物の名前が呼ばれたりするのとはまったく別のことを意味する。人間が名前をもつのは、呼びかけてもらうためであり、いわば自分のためである。だが、人間が神に呼びかけることは、神にとってはなんの意味もない。その証拠に、神は別の名前で呼びかける人にも、沈黙のなかで呼びかける人にも、同じように耳を傾ける。

神がみずからの名前をもつのはわれわれのためであり、われわれが神の名前を呼べるようにするためなのである。神がわれわれによって呼びかけられるのを許すのはわれわれのためである。

（同書、一〇七頁）

神の名前は同じ呼格でももっとも純粋な呼格であり、それによって神の名前こそがほかのすべての名前の「典型」になる。そして、神と人間のあいだにこの呼格による「呼びかけ」と「応答」の関係が成立してはじめて、神と人間の真の関係が可能になる。ローゼンツヴァイクは最晩年の論文「「永遠なる者」——メンデルスゾーンと神の名前」（一九二九年）（ローゼンツヴァイク 二〇一九d）でこのことを証明しようとする。

この論文はモーゼス・メンデルスゾーン（Moses Mendelssohn）（一七二九—八六年）の生誕二〇〇年

を記念して書かれたものである。メンデルスゾーンといえば、ドイツで活躍した最初のユダヤ人であり、レッシングやカントとも交流のあった啓蒙主義の哲学者である。彼はドイツ人顔負けの洗練されたドイツ語を駆使して、モーセ五書のドイツ語訳をおこなった。このドイツ語訳聖書は、「ゲーテの「世界文学」時代におけるドイツの翻訳技術のあの古典的な数十年間の偉大な業績のひとつである」(同書、四〇二頁)。彼の翻訳はドイツではそれにふさわしい評価を得られなかったが、神の名前を「永遠なる者（der Ewige)」と翻訳したことによって、ドイツばかりか世界中のユダヤ人に持続的な影響をおよぼした。この神の名前はその後のほとんどの聖書翻訳において踏襲されただけではなく、祈りや説教や礼拝において使用され、解放時代のユダヤ人の宗教心を培ったのである。

モーゼス・メンデルスゾーン

「永遠なる者」

「永遠なる者」という神の名前は、メンデルスゾーンによってユダヤ教にはじめて導入されたが、彼自身の発明ではない。彼の功績はこの訳語を選んだ理由にある。神が自分の名前を啓示する有名な箇所『出エジプト記』第三章第一四節をローゼンツヴァイクに依りつつ見てみよう。

『出エジプト記』第三章第一四節は、原文ではおよその次のようになっている。

神はモーセに、「わたしはある。わたしはあるという者だ」と言われ、また、「イスラエルの人々にこう言うがよい。「わたしはある」という方がわたしをあなたたちに遣わされたのだと」。

メンデルスゾーンはこれを詳しく意訳している。

神はモーセに向かって言われた。「私は永遠であるような存在である」。つまり神は次のように言われたのである。「あなたはイスラエルの子たちにこう言うがよい。「わたしは永遠であると自称する永遠なる存在が、わたしをあなたたちに遣わされたのだ」と」。（ローゼンツヴァイク 二〇一九d、四〇六頁）

そして、メンデルスゾーンは注釈でそのように訳す理由を述べる。

というのも、彼〔創造主〕においてはいかなる「変化や依存」もなく、彼の日々からはなにも過ぎさらないからである。したがって、彼においてすべての時間は過去と現在と未来を含むただひとつの名前で呼ばれる。この名前によって、彼は存在の必然性と同時に、不断に続く摂理をほのめかしている。〔…〕ところが、(「永遠で必然的な、摂理を行使する存在」という)この聖なる名前のように、全時間性(Allzeitigkeit)という意味を、実存の必然性と摂理という意味とともにひとつにまとめるような言葉がドイツ語にはない。そこでわれわれは「永遠なる者」あるいは「永遠なる存在」と訳すことにした。(同書、四〇七頁)

ローゼンツヴァイクによれば、メンデルスゾーン訳の功績は神の名前のうちに、「存在の必然性」のほかに、「摂理(Vorsehung)」という意味を読みとった点にある。だが、メンデルスゾーンは当時の合理主義的で古典主義的な精神の影響を受けて、誤った決断をくだしてしまった。彼は、ユダヤ教の神が摂理をおこなうには、まずもって神はつねにあったし、つねにあるし、つねにあるであろうものでなければならないと考え、しかもこの神の存在を、プラトンやアリストテレスに代表されるギリシア哲学の存在概念にしたがって解釈したのである。それによって「ユダヤ教の神」は「アリストテレスの神」になってしまった。

ローゼンツヴァイクの解釈

だが、『出エジプト記』(第三章第一四節)を素直に読めば、重要なのは「摂理」という意味のほうであることがわかる。まず「わたしはあるという者だ」における「ある」という言葉は、ヘブライ語では存在という静的な意味ではなく、生成、出現、生起といった動的な意味をもっている。さらに、モーセが神にその名前を尋ねたのは、神が彼に課す指導者の役割を背負いきる自信がなかったからである。モーセがこの不安を訴えたとき、神は彼にこう保証する。「わたしは必ずあなたと共にいる」(第三章第一二節)。

このように勇気を喪失した不幸な人びとにとって、神の必然的な存在を読み聞かせることにどんな意味があるだろうか。したがって、ここで神みずからがあかす名前は、「永遠であること」ではなく、「居あわせていること(Gegenwärtigsein)」と、「あなたたちのためにあなたたちと共にあり、あるであろうこと」を表わすような名前である。[2] ユダヤ教の神は、その名前が呼ばれるときにはかならず「こちらへ降りてきてあなたのもとに居合わせるということ」それ自体を、みずからの名前にしている。つまり、神の名前はそれ自身が〈呼びかけられれば応答するということ〉の保証であり、もっとも純粋な呼格なのである。

神聖四文字と呼格

ローゼンツヴァイクによれば、ユダヤ教の神の固有名とされる神聖四文字(YHWH)にも同じことが言える。

ヘブライ語聖書には、神の名前は神聖四文字(テトラグラマトン)のほかに、二つの子音と三つの子音、つまり、いわゆる神聖二文字(ディグラマトン)と神聖三文字(トリグラマトン)というかたちで現われる。

神聖二文字の「ヤー(Jāh)」は、間投詞、あの原初の叫びのひとつである。それは出会いという原初の状態における言葉であり、対象化に先だつ、ほかの格のあらゆる可能性に先だつ、純粋な呼格である。じっさいこの名前はたとえば物語のような客観的文脈にはけっして現われず、もっぱら感情の爆発といった性格をもつような言いまわしに現われる。もっとも顕著な例は、ハレルヤ（Hallelu-Jàh）という礼拝の叫びである。

つづいて神聖三文字は、聖書では神の名前としては現われず、人の名前、つまり固有名詞としてしか保存されていない。しかも二つの発音形態（「ヤーフー（Jahuw）」と「イェホー（Jehow）」）と、この二つの形式にそれぞれ属する短縮形（「ヤー（Jàh）」と「ヨー（Jow）」）というかたちでしか保存されていない。それが神の名前として現われるのは聖書以外においてでしかない。

ローゼンツヴァイクは、神聖二文字がまず最初に神の名前として登場し、神聖三文字がそのあとに続き、そして最後に神聖四文字が現われたのであり、したがって、神聖四文字においては名前と呼称がひとつになっていると推定する。神聖四文字は「名前であると同時に添え名（Name und Beiname in einem）」であり、その点ではすべての「神々の名前」と同じである。だがそこでは、名前的なものと添え名的なものが完全に重なっており、名前のどんな部分も意味によって余すところなく照らしだされている点で、ほかのすべての名前と区別される。

神の名前と〈われわれ〉

たしかにすべての名前は本質的に呼称であった。しかし、「犬」とか「信濃川」という事物の名前も、「村岡晋一」という名前も、みずからが呼称であることを明記してはいない。「信濃川」とか「村岡晋一」という字句そのものの内容をどれほど分析しても呼称であることはわからない。それにたいして、神の名前はそれが呼称であるということを名前自身によって示している。つまり、「神がみずからの名前をもつのはわれわれのためであり、われわれが神の名前を呼べるようにするため」（ローゼンツヴァイク 二〇一一、一〇七頁）なのである。

それでは、この純粋な呼格としての名前を呼ぶことにどんな特別な意味があるのか。私は自分の名前が呼ばれるときにはじめて〈私〉になった。だがいまや、「われわれは自分たちがこの〈神の〉名前を一緒に呼ぶことによってはじめて〈われわれ〉にな」る（同頁）。これを理解するには、われわれが神の名前を呼ぶのはどんなときかを考えてみなければならない。なんといっても「祈る」ときである。「神よ、私をお救いください」とか、「私の神よ、私の神よ、なぜ私をお見捨てになるのか」というぐあいである。したがって、神の名前のもつ意味を知るためには、「祈り」の文法を分析しなければならない。

祈りの文法

祈りはまず自分がほしいものを求める行為だから、一種の「欲望」であり、エゴイズムである。だがふつうの欲望とは違って、祈りはほしいものを自分で手に入れるのではなく、それを他者にゆだねてしまう。この点に「祈り」が近代の言語学において端役に甘んじてきた理由がある。なぜならカントによれば、人間の本質は「自律（Autonomie）」にあるが、祈りは文字どおり「人頼み」であって、「他律（Heteronomie）」の典型だからだ。

それでは、私が自分の欲望をゆだねる「他者」とはだれだろうか。まずこの他者は、私が自力では手に入れられないものを与えることができるのだから、私を超えていなければならない。祈りは一種の超越の行為である。それでは、この超越者の「名前」はなんだろうか。それは私がなにをほしがっているかによって決まる。たとえば私が大学入試に合格したければ、「学問」の神様のところに行くし、子供を授かりたければ、「子宝」の神様のところに行く。このとき、神様の「名前」はその神様だけがもっている特有の権能を表現している。ところがそれならば、私はなにも神様のところに行かなくてもすむかもしれない。私は何人もの受験生を有名大学に合格させている予備校講師に自分の運命をゆだねることもできるし、医療技術が進んでいる今日では人工授精の権威である医師を頼ることもできる。このばあいの超越者は私と同じ世界に住みつくことができるし、その超越は同じひとつの世界でおこなわれうる。つまり、この超越はいわば「水平方向の」超越でしかない。

さらに、こうした特定の権能を表現するような神の名前を呼んでもけっして〈われわれ〉は可能にならないどころか、むしろ分断されてしまう。なぜなら、欲望は各人違うし、同じ欲望をもってもそれを共有できない。二人の人が空腹を感じても、それぞれの腹がすくだけである。そうなると、「あなたの神は私の神とは違う、だからあなたは私の仲間ではない」ということになってしまう。

救済としての祈り

しかし、このようなたんなる欲望でしかないような祈りとは違った祈りがある。だれでも人生において一度や二度はそうした「祈り」を経験したことがあるのではないだろうか。われわれは生きていれば、いわれなく絶望的な状況に陥り、自分ではどうしてよいかわからなくなることがある。私はみずからが生きている〈いま〉と〈ここ〉に完全に縛られており、そこから抜けだすすべが見いだせない。心の底から「ああ神様！　私をお救いください」と叫びたくなるのは、そんなときである。もっとも切実なこの「祈り」はいったいなにを祈っているのだろうか。この祈りは自分がいったいなにを祈ればいいのかを知らない。なぜなら、私がそんなふうに祈るのは、なにをどうしてよいかわからないときだからである。対話において私は自分がなにを語るかを知らないように、祈りもまた自分がなにを祈るかを知らない。この祈りはひたすら祈らんがために祈るのであり、いわば「祈ることができるようにと祈る」のである（ローゼンツヴァイク 二〇〇九、二八一頁）。

そうだとすれば、この祈りの「主体」は私ではない。私はやむにやまれず祈らずにはいられないのであり、いわば祈ることを強いられる。したがって、この祈りはすでにしてなんらかの「呼びかけ」にたいする「応答」なのだ。

それでは、この祈りが祈る神、私に呼びかける神とはどのような神だろうか。自分がなにを祈るかを知ってもいれば、自分がどんな神に祈るべきかを知ってもいる。このばあいの神は、「学問」の神とか「子宝」の神といった特定の性質を、つまり特定の「名前」をもつことができる。だが私はなにを祈るのかを知らないのだから、自分が祈る神を知らない。この神はどんな特定の名前ももたない「隠れた」神である。しかも、私はこの世ではどうしようもない自分を救ってもらいたいのだから、その神はこの世を絶対的に超えていなければならない。この祈りはいわば「垂直方向」への超越でなければならない。祈りという言語行為は世界に穴をうがち、その穴が指し示す向こう側を空白のままにしておく。事物の名前が事物の「死」であったように、このばあい神の名前は世界の「死」である。だが同時に、人の名前を付けることが〈私〉の「新しい生の始まり」であったように、神の名前を呼ぶことは「新しい〈われわれ〉の始まり」でもある。

〈ただひとりの〉神と〈われわれ〉の共同体

なにを祈ればよいかもわからないような祈りを祈るとき、その祈りは「それが祈られる以前にすでにかなえられている」(ローゼンツヴァイク 二〇〇九、三五八頁)。なぜなら、祈りが唱える神の名前は本来純粋な呼格であり、その名前が呼ばれればかならずそれに応えるという保証をひたすらその内容としているからである。神の名前が呼ばれるとき、神は「隠れる」と同時に「あらわに」なる。神の「名前」は同時にそのまま神の「啓示」でもある。

> われわれが〔…〕経験するのは、神は神であるということだけであって、神がなんであるかということではない。その〈なに〉つまり本質は、隠されたままである。〔だが、〕本質がみずからを隠すのは、ほかでもなくそれがみずからを啓示するからである。(同書、五九八頁)

みずからを啓示する神とはどのような神だろうか。それは〈ただひとりの〉神である。なぜなら、この神はどんな特別な性質によっても区別されないからである。それでは、祈りによってすでにかなえられているものとはなんだろうか。われわれはこの〈ただひとりの〉神に祈り、この〈ただひとりの〉神のもとにいるのだから、われわれもまたたがいに区別されることがない。「あなたの神は私の神とは違う、だからあなたは私の仲間ではない」などと、言うことはできない。つまり、神の名前を呼ぶことによって、〈われわれ〉の共同体がはじめて実現されるのである。

神がわれわれによって呼びかけられるのを許すのはわれわれのためである。われわれのためというのは、われわれは自分たちがこの名前を一緒に呼ぶことによってはじめて〈われわれ〉になったからである。（ローゼンツヴァイク 二〇一一、一〇七頁）

真理への信頼

われわれはここにいたってようやく、第五節「人の名前」の末尾でそのままにしておいた「真理」についての疑問に答えることができる。私が真理らしきものを望むのは、一回かぎりの人生に「これでよい」と言いたいからだ。しかし、〈私〉は〈あなた〉の〈あなた〉であり、私の生は〈あなた〉へと徹底的に開かれたモナドである。したがって、真理もまた〈あなた〉からの贈り物である。真理とは〈いま〉〈ここ〉で生きる各自に与えられる「分け前」なのだ。だが、真理が一個のパンが千切られて分け与えられるようなものなら、われわれの真理はしょせん「部分的な」真理にすぎない。だが、「祈り」と「神の名前」が新たに教えているのは、〈私〉がただ〈あなた〉に開かれているだけではなく、〈ただひとりのあなた〉に向かい合うことによって〈われわれ〉に開かれているということである。私は祈りによって「おのれ自身の運命とともに世界の運命のうちに織りこまれている」（ローゼンツヴァイク 二〇〇九、四五五頁）。したがって、「各自の、受けとられた、与えられた真理」

つまり分け前としての真理は、「全体的な真理を否定するのではなく、それを証明するような部分としてその真であることが証明される」(同書、六二〇頁)。それはちょうど、ライプニッツのモナドがそれぞれ違った位置から同じひとつの世界全体を映しだしているようなものである。

こうして、真理への信頼が生まれ、われわれは真理の成熟を安心して「待つこと」ができるようになる。なぜなら、「全体的な真理」は、われわれが各自の〈いま〉と〈ここ〉にこだわって生きることによってこそそこに映しだされるからである。われわれはそれぞれみずからの生に「それでよい」と言う資格がある。そのためにむしろわれわれは「被造物」であることに執着しなければならない。

> われわれはみずからの被造物としてのありかたに執着している。われわれはそれをみずから進んで放棄しようとはしない。そして、われわれの被造物としてのありかたは、われわれが部分＝分け前(Teil)しかもたず、部分＝分け前でしかないということを、その条件としている。生は死にたいする最終的な勝利を〈まことに〉ということばで祝ってきた。生はこのことばによって、みずからに分け前として与えられ、みずからが受けとった真理が永遠の真理にかかわるみずからの分け前であることの真であることを証明する。(同書、六五七―六五八頁)

したがって、真理への信頼とは、みずからの生を信頼することであり、ということはつまり、「死」を特別あつかいせず、被造物としての人間の自然な事実として受け容れることである。死は生の「完成」でもなければ、生の理不尽な「中断」でもない。ローゼンツヴァイクは『健康な悟性と病的な悟性』を次のような文章で締めくくっている。

死にたいしては付ける薬がない。〔…〕しかし、健康な人は墓場にいたる道を生き生きと歩んでいく力をもっている。病人は死を呼び寄せ、死の不安のためにいわば半死半生の状態で死によって仰向けに引き倒されてしまう。健康な人は死さえも「しかるべき時に」のみ体験する。〔…〕生がその雄弁な唇を閉じるときに、〔死は〕みずからの永遠に沈黙していた口を開き、こう語るのである。「おまえは私のことがわかるか。私はおまえの兄弟である」と。（ローゼンツヴァイク二〇一一、一二五頁）

第4章

純粋言語

ベンヤミン

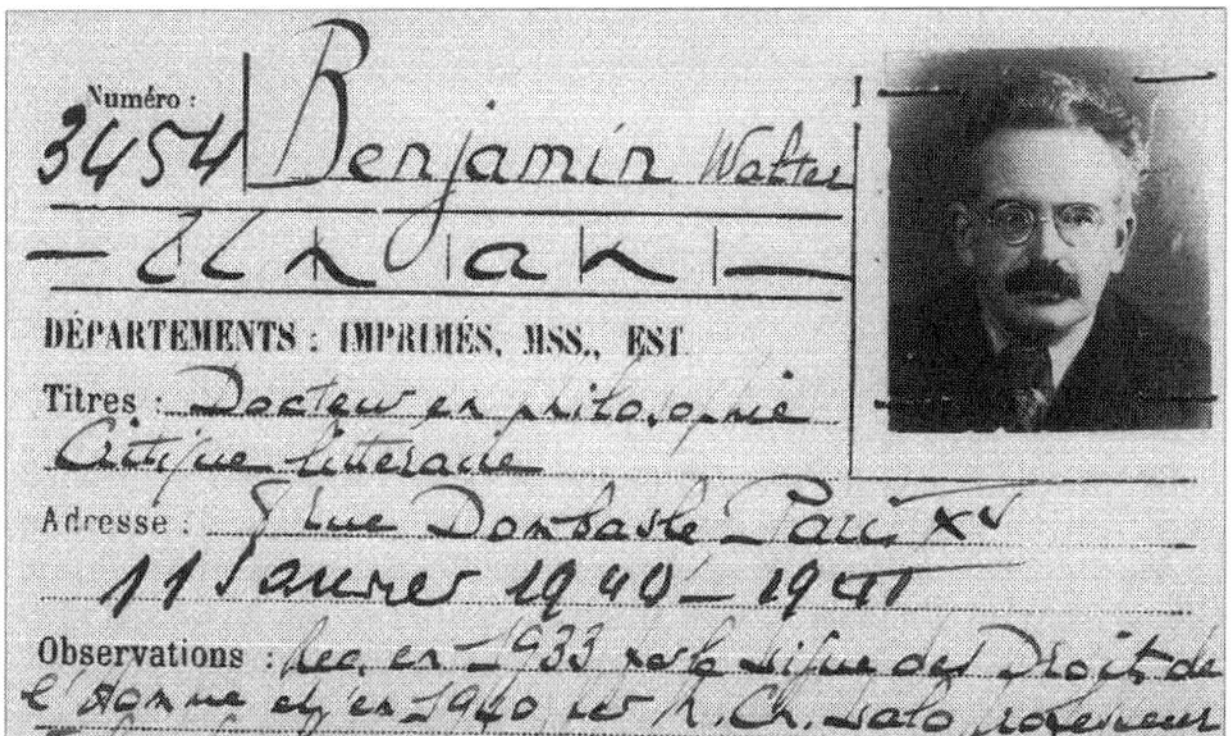

ベンヤミンのフランス国立図書館利用証

ヴァルター・ベンヤミン（Walter Benjamin）（一八九二―一九四〇年）を言語の考察に向かわせることになったのは、ローゼンツヴァイクと同様、第一次世界大戦の体験であった。だが、ローゼンツヴァイクのばあいその体験が、国民国家にかわる新しい共同体の可能性への失望だったとすれば、ベンヤミンのばあいには、若い兵士たちが「押し黙ったまま」戦場から帰ってきたことへの失望だった。彼らは人類がいまだかつて経験したことがない未曾有の経験をしながら、それを表現することばをもたなかったのである。

経験の相場はすっかり下落してしまった。しかもそれは、一九一四年から一八年にかけて、世界史のなかでも最も恐ろしい出来事のひとつを経験することになった世代において起こっている。〔…〕当時私たちは、戦場から帰還してくる兵士らが押し黙ったままであることを、はっきりと確認できたのではなかったか？　伝達可能な経験が豊かになって、ではなく、それがいっそう乏しくなって、彼らは帰ってきたのだった。（ベンヤミン　一九九六a、三七三頁）

第一次世界大戦前後のヨーロッパでは、占星術やヨガの英知、クリスチャン・サイエンスや手相術、菜食主義やグノーシス、スコラ哲学や交霊術などが流行したが、こうした重苦しいまでの思想の氾濫は、「人類の経験そのものが貧困化」したことのひとつの現われでしかない。

こうした「経験の貧困化」が起こる主要な原因は、人間がことばを「世代から世代へと受け継いでいく」能力、いわば「物語る」能力を失っていることにある。

何かをちゃんと物語れる人に出会うことが、まだあるだろうか？　指輪のように世代から世代へと受け継がれてゆくほど確かな言葉が、今日まだどこで、死の床にある者の口から聞けるだろう？（同書、三七二―三七三頁）

まるで、私たちから失われることなどありえないと思われていた能力〔…〕が、私たちから奪われていくかのようだ。すなわち、経験を交換するという能力が。（ベンヤミン 一九九六b、二八四―二八五頁）

したがって、ベンヤミンの言語論の課題は、経験の貧困化を招いている「ことばを受け継ぐ」能力の喪失を克服し、失われた〈われわれ〉のつながりを取りもどすことであった。だが、その戦略はかなり独創的である。言語の創造力を回復するために、ヴィトゲンシュタインが言語を「人間がこの世界に住みつく仕方」に連れもどし、ローゼンツヴァイクが言語の「対話的性格」を強調したのにたいして、ベンヤミンは言語をそれが記述する外界の対象からだけでなく、語る能力を失った人間の独占的支配からも解放する。彼は語られるべき対象からも語る人間からも解放されたこうした言語を「純粋言語」と呼ぶ。そして、この「純粋言語」のもっとも具体的な装置が名前、とりわけ「人名」にほかならない。彼のまとまった言語論は、唯一「言語一般および人間の言語について」（一九一六年）で展開されている。以下ではこの論文に即して、彼の「言語論」と「名前論」を見ていこう。

第一節　言語一般――言語はみずからを伝達する

芸術の「言語」と自然の「言語」

「言語一般および人間の言語について」という表題を見ただけでもすでに、ベンヤミンの言語論の特徴がよくわかる。人間の言語は言語一般の一部でしかない。この論文は次のような文章で始まる。

人間の精神生活のどのような表出も、一種の言語として捉えることができる。そしてこう捉えたとき、そこで用いられる真なる方法のありようにしたがって、至るところに新しい問題提起の可能性がひらかれるのだ。（ベンヤミン　一九九五a、九頁）

たとえば、音楽の「言語」もあれば、絵画の「言語」もある。名画を眺めていると、それはたしかに声を発しないし、文字も書かれていないのに、鑑賞者に感銘を与え、〈なにか〉を確実に「語りかけて」くる。こうして、言語はまず声や文字といった特定の言語手段から解放される。ところが、ベンヤミンの言語論はもっと先まで進む。

生ある自然のうちにも生なき自然のなかにも、ある一定の仕方で言語に関与していない出来事や事物は存在しない。（同頁）

自然もまた人間のように「語る」というのである。これではまるで古代のアニミズムや魔術的な言語観に舞いもどったかのようである。彼の言おうとすることをまず理解するように努めよう。
いま私がただひとり山を登ってきてようやく山小屋にたどりついたとしよう。まわりはすっかり暗くなっているので、天井から吊るされたランプに火を灯す。するとそのやわらかな明かりがぼんやりとまわりを照らしだす。このときランプとその明かりは言うに言われない〈なにか〉を私に語りかけてくる。あるいは、太陽の輝く昼間に、草原の木陰で寝ころんでいる。そのとき吹いてきたさわやかな風に樹木の葉がそよぎ、そのあいだから木漏れ日が私の顔に落ちかかる。このとき、私は樹木とその木漏れ日を通じて、自然の神々しい〈なにか〉を感じることができる。ベンヤミンはこんなふうに語りかけてくるものをのちに「アウラ（Aura）」と呼んだ。

アウラとは何か。〔…〕夏の午後、静かに憩いながら、地平に連なる山なみを、あるいは憩っている者の上に影を投げかけている木の枝を、目で追うこと——これがこの山々のアウラを、この木の枝のアウラを呼吸することである。（ベンヤミン　一九九五b、五九二頁）

言語が伝達するもの——精神的本質と言語的本質

言語は人間の声や文字からだけではなく、「人間」という「語り手」からも解放される。だがそうなると、言語はいったいなにを伝達するのだろうか。

言語は何を伝達するのか？　言語は自身に合致する精神的本質（Das geistige Wesen）を伝達する。この精神的本質は自己を言語において（in）伝達するのであって、言語によって（durch）ではない。〔…〕言語の話し手を、言語によって自己を伝達するものと考えるなら、言語の話し手というものは存在しないことになる。（ベンヤミン　一九九五a、一一頁）

山小屋のランプや草原の樹木はなにかを語りかけてくるが、この〈なにか〉はランプや樹木を構成している物質的なものではない。たしかにそれらを足場にしているにはちがいないが、その物質的成分そのものをいくら探してもこの〈なにか〉は見つからない。この〈なにか〉は物質的なものを超えている以上、精神的ななにか、つまり「精神的本質」である。

第二に、この〈なにか〉を語る主体もまたランプや樹木ではない。そんなことが起きるのは童話ぐらいのものである。むしろ、精神的本質がランプや樹木を「媒介として」みずからを語ると考えなければならない。それでは、音楽などの芸術作品はどうだろうか。芸術作品は自然の存在とは違って人間が意図的につくったものなのだから、それがわれわれに〈なにか〉を語りかけるのは、作者がその〈なにか〉をあらかじめ作品に込めたからではないか。いや、そうではない。たとえばベートーヴェンの交響曲第九番を考えてみよう。それが伝達したいものはなにか。この問いに答えるのは簡単ではない。これまでいろんな演奏家がいろんな解釈を加えてこの曲を演奏してきた。この交響曲が語るものがそれを作曲したときにベートーヴェンの頭のなかにあったものに尽きるのであれば、こうした一連の解釈はすべて無意味であり、むしろ作品を歪曲するものでしかない。だが、ベートーヴェンの交響曲第九番が傑作なのは、このような無限の解釈を許すからである。無限の解釈を許すからこそ、その芸術作品は永遠の生命を保つことができる。無限の解釈のすべてがすでにベートーヴェンの頭のなかにあったと考えるのも不合理である。むしろ、作品は作者であるベートーヴェンを超えている。そうだとすれば、ベートーヴェンという個人を超えたなんらかの「精神的本質」が交響曲においてみずからを語ると考えるほうが自然ではないだろうか。

　この議論は当然、人間の言語にも適用されなければならない。人間の言語も言語の一種にはちがいないからである。人間はみずからが語る言語の話し手ではない。したがって、たとえば日本語について言えば、「われわれ人間が日本語を使ってみずからを伝達する」と言うことはできない。むしろ、「精神的本質が日本語においてみずからを伝達する」のである。

　だが、「精神的本質がみずからを伝達する」とは言っても、伝達されるものが精神的本質そのものだと考えてはいけない。「言語において自己を伝達する精神的本質は言語そのものではなく、言語とは区別されるべき何かである」（同書、一〇頁）。というのも、精神的本質と言語を同一視してしまえば、言語そのものを霊的な現われとみなすような「言語神秘主義」や「言霊信仰」に陥ってしまうからだ。「神秘的な言語理論によれば、言葉そのものが事柄の本質だということになる。これは正しくない」（同書、二五頁）。この誘惑がいかに強いかは、西洋哲学の伝統的な術語である「ロゴス」ということばが二重の意味をもつことに示されている。ロゴスは「論理」や「理性」という意味と同時に「ことば」という意味をもっている。

　精神的本質と言語を区別するには、言語においてみずからを伝達するのは、精神的本質そのものではなく、そのうちの伝達可能なものだけだと考えなければならない。それでは、この「伝達可能なもの」とはどのようなものだろうか。音楽を鑑賞するばあいと、絵画を鑑賞するばあいを比べてみよう。どちらも感動とともに〈なにか〉が私に伝わる。しかし、その伝わりかたは音楽と絵画では違っている。音楽でしか伝えられないこともあれば、絵画でしか伝えられないこともある。精神的本質の「伝達可能なもの」とは、それぞれの言語に特有の表現の仕方において表現されるもの、つまりその「言語的本質（das sprachliche Wesen)」である。

> 精神的本質は、それが伝達可能な限りにおいてのみ、言語的本質と同一なのである。ある精神的本質にあって伝達可能なもの、それが、この精神的本質のもつ言語的本質である。（同書、一一頁）

言語はみずからを伝達する

ところが、言語的本質とは、事物固有の言語を介して伝達されるのだから、「言語は事物の言語的本質を伝達する」（ベンヤミン 一九九五a、一二頁）とは、結局のところ、それぞれの言語はそれ固有の言語を介して伝達するものを伝達する、つまり、言語はみずからを伝達するということになる。こうして、ベンヤミンは「言語一般」にかんして最終的な結論にたどりつく。

それゆえ、言語は何を伝達するのか、という問いに対する答えはこうなる――どの言語も自己自

身を伝達する。〔…〕あるいは、より正確にいえば、どの言語も自己自身において自己を伝達する。（同書、一二—一三頁）

言語はすべて、もっとも純粋な意味で伝達の「媒質（Medium）」であり、伝達するものであると同時に伝達されるものであるという意味で「中動態的なもの（das Mediale）」である。そして、これを理解することこそが「言語理論の根本問題」（同書、一三頁）にほかならない。だが、われわれは言語の神秘主義的な考えかたに陥らないようにこの見解にたどりついたのに、これもまた、いやこれこそが神秘主義的な見解ではないか。しかし、そうではない。それどころか、言語をそれが記述する対象やそれを語る語り手の拘束から解放して、言語そのものに語らせようとする努力は、ベンヤミンが生きた二〇世紀転換期の言語思想の主要な課題をなしていた。その理由は、「言語への信頼の喪失」、もっと正確に言えば、「人間が言語を使って真理を語ることへの自信の喪失」にある。文芸批評家ジョージ・スタイナー（George Steiner）（一九二九年生）がこんなことを言っている。

〈言葉が欠けている〉という概念が、近代文学の特徴を成しているのである。西欧における文芸の歴史全般を二つに大きく分けるとすれば、その境界線は一八七〇年代の初頭から二十世紀への変り目にかけてであろう。この境界とは、言語の中に居心地よく住みついていることを本質とする文学と、言語が牢獄となってしまった文学とを区別するものである。〔…〕言語は十分に自分たちの要求を満たしてくれる、と思っていた最後の偉大な詩人が、恐らく、ゲーテとヴィクト

ル・ユゴーであったろう。（スタイナー 一九九九、三一一―三一三頁）

スタイナーによれば、西洋の文学と言語意識はアルチュール・ランボー（Arthur Rimbaud）（一八五四―九一年）やステファヌ・マラルメ（Stéphane Mallarmé）（一八四二―九八年）によって新しい段階に入っていく。詩人といえども、特定の歴史的・社会的状況のうちに生まれ落ち、一定の文化や環境といった伝統的制約を受ける表現の仕方のなかで育つ。おまけに、今日の言語は制度化され、虚偽にまみれ汚れきっている。そんなものを毎日使うだけでは、ことば本来の活性は失われてしまう。したがって、詩人のなすべき義務は、「人間という種族の言葉にいま以上の純粋な意味を与える」ことである。「言語は今や石質化し、新しい生には通用しなくなったが故に、世間で行われているような言語の殻はまず剝ぎ取ってしまわなくてはならない。そうなってはじめて、意識下に潜んでいるもの、個人の核となっている秩序づけることができないどろどろしたものが、声を発するようになってくるはずである」（同書、三一四頁）。これとともに、「真理」観にも変化が生じる。

十九世紀から二十世紀への変り目に生じた変化とは、真理とは実体性を具備した、我々の〈外部に在る〉ものという観念〔…〕から、いや、真理は論理形式、および言語のもつ属性である、と考えるように変ったことである。（同書、三六九頁）

じっさい二〇世紀を境として哲学者たちの「文体」にも大きな変化が生まれる。たとえば、ヘーゲル（Georg Wilhelm Friedrich Hegel）（一七七〇―一八三一年）やカール・マルクス（Karl Marx）（一八一八―一八三年）のような一九世紀の思想家の「文体」と、テオドール・アドルノ（Theodor Adorno）（一九〇三―六九年）やエルンスト・ブロッホ（Ernst Bloch）（一八八五―一九七七年）などの二〇世紀の思想家のそれを比較してみるとよい。一九世紀までは、洗練されたことばを誠実に積み重ねていき、論理的・体系的に展開してゆけば、真理は必然的に語ることができると信じられていたのに、この言語への信頼が突然くずれてしまう。言語をどれほど精緻化しようと、しょせん既成の社会において認められた既成の「文法」にしたがって語られる以上は、それが語るものはいま現在この世界を支配している光景にすぎない。それどころか、そうした言語は現在たまたま勝利しているイデオロギーやそれが隠している悲惨な現実を固定化し、永遠化することにもなりかねない。では、言語を「あるがままの世界を人間が受け容れることを拒むための主要な道具立て」（同書、三八八頁）にするには、言いかえれば、悲惨な現実のうちにまどろんでいるユートピア的なものを目覚めさせる機能をもたせるにはどうすればよいのか。ほかでもなく、言語を文法からも対象からも語り手からも解放し、言語そのものに真理を語らせることである。

アウエルバッハ『ミメーシス』

エーリヒ・アウエルバッハ（Erich Auerbach）（一八九二―一九五七年）も、二〇世紀初頭に生じた言語観の変化を指摘している。『ミメーシス』（一九四六年）（アウエルバッハ 一九九四）は、ヨーロッパ文学の現実描写の変遷をホメロスからヴァージニア・ウルフ（Virginia Woolf）（一八八二―一九四一年）

まで追跡した書物だが、ウルフにおいては、作者と作品の関係に重要な変化が生じているという。ゲーテやゴットフリート・ケラー、チャールズ・ディケンズ、ジョージ・メレディス、オノレ・ド・バルザックやエミール・ゾラといった二〇世紀以前の作家は、あきらかに知っているという確信をもって、作中人物の行為や感情、思考、さらに彼らの行為の解釈まで記述している。これらの作者は「客観的な真実を知っているために、決して、作者としての最終的な支配権を放棄しない」(同書、下巻、四四八―四四九頁)。

それにたいして、ウルフは「自分が作者であること、したがって、作中人物の事態のすべてを知っていなければならないということを、意識してはいない」(同書、四四一―四四二頁)。その作品では作者を含めてだれも確実なことを語ることができない。そこでウルフは、さまざまな個性が(さまざまな時点で)受けとめる多数の主観的印象を、つまり「意識の流れ」を記述することによって真の客観的現実に迫ろうとする。そして、それが可能なのは「生」のある種の自己形成力を信じるからである。

> 生は刻一刻未来を切り開いては、刻一刻過去となっているわけで、ある人々について作家が物語っている瞬間、これらの人々は、作家が物語ろうとしている以上のことを経験しつつあるのである。〔…〕人間の内部では、自己自身という対象を形成し解釈しようとする行為が、たえまなく進行しているのであるから。人はたえず、過去、現在および未来におけるおのれの生に、またみずからが住んでいる周囲の環境に、意味と秩序を与えようと試みて〔いる〕〔…〕。(同書、四六九

頁）

この「生の自己運動」を自由に展開させ、それを記述するためには、作者はいわば身を引いて、みずからの作品と言語にたいする支配権を放棄しなければならない。

アウエルバッハによれば、こうした言語観の変化をうながした原因は、二〇世紀における科学、技術、経済の急激な発展と社会構造の根本的な変化にあると同時に、とりわけ第一次世界大戦の勃発にあった。すでに述べたように、ベンヤミンが従来の言語にたいする信頼を失ったのも、この大戦から帰還した兵士たちが「押し黙ったまま」だったからである。

したがって、「言語はみずからにおいてみずからを伝達する」というベンヤミンの発言は特異な孤立した発言ではなく、むしろ時代の焦眉の関心を共有している発言なのだ。だが、この「言語の自己運動」をどのような具体的なイメージをもとに考えるかによってそれぞれ道が分かれる。ウルフが「意識の流れ」や「生」を、マルセル・プルースト（Marcel Proust）（一八七一―一九二二年）が「無意志的記憶」に足場を置くとすれば、ベンヤミンがもちだすのは「廃墟」のイメージである。

廃墟への関心

「廃墟」もまた、ベンヤミンだけの風変わりなテーマではない。クリスティアン・J・エムデン『ヴァルター・ベンヤミンの歴史の廃墟』（Emden 2006）によれば、「廃墟」にたいする関心は一七世紀に始まる。廃墟とは一般にひとつの崩壊現象である。しかし、崖が崩れたからといって、その残骸を廃墟とは言わない。廃墟となりうるのは、かつて人間によってつくりあげられたものだけである。しかも、廃墟はいまは失われてしまった遠い昔の文化や時代の痕跡であり、それを介すればそうした文化や時代に思いをはせることができる。一七世紀のヨーロッパで経済的効率だけが優先される近代社会が本格的に始動するようになると、人びとは古代ギリシアやローマに郷愁を感じるようになり、古代の廃墟にたいする関心が高まっていく。たとえば、アントワーヌ・デゴドゥ『ローマの古代建築』(Desgodetz 1682) やジェームズ・スチュアートとニコラス・リヴェットの『アテナイの遺物』(Stuart and Revett 1762-1816) などはその好例である。廃墟にたいするそれらの関心は、「過去の復元」といういわば考古学的な関心であった。

ジンメルの廃墟論

だがやがて、廃墟そのものにたいする関心が登場する。ライン河畔の美しい景観をつくりなしているもののひとつは、そこに点在する廃墟である。では、「そもそも廃墟はなぜ美しいのだろうか」。廃墟にたいするこのような美学的関心の典型例は、ゲオルク・ジンメル (Georg Simmel)(一八五八—一九一八年)の「廃墟」(一九〇七年)(ジンメル 一九七六)である。

人工物は人間の精神がみずからの形式をいわば無理やり自然に押しつけたものだから、やがては自然の復讐を受ける。自然力が精神の形式を圧倒するようになり、人工物をもとの自然の姿に返しはじめる。つまり、人工物はやがて壊れはじめる。だが、建築とそれ以外の人工物とでは壊れかたに違いがある。両者においては、精神の形式と自然の素材との関係が異なるからである。

絵画においては絵が描かれているカンバスは見えなくなるし、文書のばあいひとたび文字が書かれれば、それがどんな素材のうえに書かれているかは問題にならなくなる。建築のばあいはそうはいかない。ここでは、ものを上方へと積み重ねようとする精神の意志と、重力によって下方へと引き下ろす自然の必然性とのあいだにつねに闘争があり、どちらの側が他方を圧倒しても建築は不可能である。建物は、上に向かう精神の意志が強すぎれば大地に根差すことができないし、下に向かう自然の力が上回ればつぶれてしまう。

精神の意志と自然の必然性とのあいだの闘争に和平がもたらされ、上方をめざす魂と下にはたらく重力とが決算されて厳密な方程式が成立するにいたるのは、ただ一つの芸術、すなわち建築においてのみである。（ジンメル　一九七六、一三七頁）

ゲオルク・ジンメル

そこでいま、絵画が破損したり、文書に虫食いが生じたとしよう。これらの芸術作品を芸術作品たらしめていた唯一のものは精神がそれらに与える芸術的形式だけなのだから、それらが壊れてなお芸術的価値を保つためには、残骸から、想像力によってかつて完全であった芸術的形式を思い浮かべ、それと照らしあわせる必要がある。だがそうなると、破損した絵画や虫食いの文書はあくまで「不完全な芸術作品」でしかなく、新たな芸術的価値をもつことはない。しかし、建造物の廃墟はそうではない。建造物はもともと精神と自然の均衡関係にあったので、廃墟になってもこの両者に新たな均衡関係が生じるだけである。ジンメルによれば、廃墟とはいわば自然による新たな芸術価値の創造なのである。

そこでは、芸術作品が消滅し、破壊されたなかに、別のもろもろの力と形式、とはつまり自然の力と形式とがあとから生まれ育ち、その結果、まだなお廃墟のなかの芸術によって生きているものと、すでに廃墟のなかの自然によって生きているものとから、ひとつの新たなる全体、特徴ある統一性が生じる。(同書、一三九頁)

アロイス・リーグルの「経年価値」

ベンヤミンが尊敬するウィーンの美術史家アロイス・リーグル[1](Alois Riegl)(一八五八―一九〇五年)もまた『現代の記念物崇拝――その特質と起源』(一九〇三年)において、記念物の「歴史的価値」とならんで「経年価値」なるものを主張している。そして、廃墟に認められるべきは歴史的価値ではなく、経年価値であるという。

ある城の廃墟を例にとって説明しよう。崩れ落ちた城壁の残骸にその形状、技術、部屋の配置等などの情報を伝える要素が殆ど残っていないために美術史的文化史的関心を満たすことができ

ず、〔…〕その廃墟にこぞってよせる絶大な関心は、歴史的価値に負っているとはいい難い。（リーグル 二〇〇七、一一頁）

むしろ、われわれが廃墟に関心を寄せるのは、「時間が経過した」ということをまのあたりにできるからである。「破壊活動の痕跡〔…〕が明確に知覚できるという事実こそが、記念物の経年価値の裏づけとなる」（同書、三〇頁）。したがって、廃墟を元どおりに復元しようとすることほど愚かな試みはない。廃墟はそれにたいする人為を排して、時間の流れにゆだねたままにしておかなければならない。リーグルは、「十九世紀が歴史的価値の世紀であったとすると、二十世紀は経年価値の世紀となっていくように思われる」と語っている（同書、二一頁）。

アロイス・リーグル

言語という廃墟

ベンヤミンの廃墟にたいする関心もまた、ジンメルやリーグルと同様に歴史的関心ではない。しかし、彼の独自性は、廃墟の「芸術価値」を問題にするだけでなく、「芸術作品」そのものを「廃墟」とみなすところにある。言語にかんして言えば、彼は絵画の「言語」や彫刻の「言語」と同様に廃墟の「言語」を問題にするだけではなく、「言語一般」の本質を「廃墟」とみなすのである。

いま私が夏の昼下がりに、小高い丘にひっそり取り残された城跡にたたずんでいるとしよう。まわりには草木が青々と生い茂り、草とコケに覆われた石垣がかつてそこに城があったことをかろうじて偲ばせるばかりだ。そんなとき、この城跡が私に〈なにか〉を語りかけてくる。この〈なにか〉とはなんだろうか。私に語りかけるものは、私が目の前に直接見ているもの、たとえばその光景をつくりなしている物理的なものとその配置だろうか。もしそうなら、土砂崩れの光景も同じことを語りかけてくるはずである。あるいは、「城跡」が私に語りかけることができるのは、私がかつてそこに天高くそびえていた城やそこに住んでいた人びとを想像して想起するからだろうか。しかし同じように想像力を使っても、たとえば私が虫食いの文書の欠落部分を想像して補い、苦労して解読するときとは、印象がずいぶん違う。そんな努力をしなくても、廃墟のほうがいやおうなく私に語りかけてくる。そこでいま、かつての城が忠実に復元されたとしよう。この真新しい城は城跡と同じことを語ることができるだろうか。むしろ、廃墟の「言語」はかき消されてしまうにちがいない。廃墟は「直観」に訴えるのでも「想像力」に依存するのでもなく、「現在のことば」を語るのでも「過去のことば」を語るのでもない。

廃墟の「言語」にはつねに「喪失」の悲哀がつきまとう。城主は城を居住や防衛といった特定の目的のために造ったにちがいない。だが、いまは石垣しか残っていないのだから、城跡はそうした用をまったくなさなくなっている。また、城を建てなければならなかったのは戦国時代という時代の要請であり、そうした城を建てることができたのは当時の技術水準のおかげであり、城が特定の様式をもっているのは当時の文化の影響であったかもしれない。だがいまではその時代や文化は遠い昔になってしまっている。かつて城を生みだすのに貢献した人びとの意図や時代状況や文化的背景などのすべてを、ベンヤミンにならって「事象内実（Sachgehalt）」と呼べば、廃墟がほんとうに自分の言語を、つまりみずからの「真理内実（Wahrheitsgehalt）」を語りはじめるのは、「事象内実」を喪失したときである。廃墟は事象内実を失うにつれて、そこに眠っていた真理内実をそのつど新たに語りだす。つまり、廃墟の「言語はみずからにおいてみずからを伝達」しはじめるのである。

そうだとすれば、すべての芸術作品は本質的に「廃墟」ではないだろうか。傑作とは作者の意図や時代を超えて生きつづけるものである。作者が死ねばたちまち忘れさられるようなものは駄作であり、その時代が過ぎされれば意味がなくなるようなものは芸術作品の名に値しない。ミロのヴィーナスはだれが、なんのために、いつごろつくったのかが、もはやはっきりしないにもかかわらず、パリのルーヴル美術館の中央に飾られている。芸術作品は、作者の意図が死にたえ、それを生みだしたかつての時代や文化という歴史の表舞台から転落してはじめて、いわば「廃墟」になるときにはじめて、「真の」芸術作品になる。だからこそベンヤミンは、『ドイツ悲劇の根源』（一九二八年）の「廃墟」と題された段落で次のように語る。

> 芸術形式の機能とは、あらゆる重要な作品それぞれの根柢をなしている歴史的事象内実を、哲学的真理内実に変えることにほかならない。〔…〕事象内実をこのように真理内実に変えることにより、効果の凋落こそが――その過程で、以前には魅力を放っていたものが年々歳々力を失ってゆく――新生の基盤となる。（ベンヤミン　一九九九、下巻、六一頁）

批評と廃墟

ベンヤミンによれば、「事象内実を真理内実に変え、作品の新生をうながすこと」が、批評の使命である。

批評は芸術作品の真理内実を、注釈はその事象内実を求める。〔…〕ある作品の真理内実は、その作品が重要なものであればあるほどそれだけ目立たず緊密に、その事象内実に結びついている。したがって、自身に宿る真理を最も深く事象内実に沈潜させている作品こそ、持続するものであることが明らかになる。そのとき、この持続する時間の経過のなかで、具体事象は、それが現実世界で死にたえてゆくほどに、作品のなかでは観察者の目にいっそう明瞭になってくる。〔…〕この意味において作品の歴史は作品の批評を準備し、それゆえ歴史的な距離が批評の力を増すことになる。（ベンヤミン　一九九五c、四一―四二頁）

ベンヤミンにとっての「真理」

「言語一般」がそうしたものだとすれば、言語に住まう「真理」もまた従来の真理概念ではとらえきれない。近代哲学が考えるような意味での「真理の認識」などはありえない。

認識と真理はけっして同一ではない。真なる認識というものはそもそも存在しないし、また、認

識された真理というものも存在しない。（ベンヤミン 一九九二a、二二五頁）

認識は、事物を対象化してそれを直観する働きや、カントのように直観形式とカテゴリーによって対象を構成する働きを前提とするが、真理はむしろ主観のこうした能動的な作用が停止したときに、つまり認識の連関から切り離されたときにはじめて現われる。真理はエドムント・フッサールが考えるように意識の志向性の相関者ではない。「真理がなんらかの関係を、とりわけ志向的な関係を、結ぶことはない。概念の志向性により規定された対象としての認識対象は、真理ではない」（ベンヤミン 一九九九、上巻、三六頁）。そうした意味で、「真理は志向《インテンツイオーン》の死にほかならない」（同書、三七頁）。

だからといって、真理はあらゆるものを超越した永遠不変のものでもない。まず真理は「事柄のかなたに存在するのではなく、事柄のなかに存在している」（ベンヤミン 一九九二b、二一八頁）。とはいえ、真理は「本質」のように、事柄そのもののうちにかつてあったし、いまもあるし、これからもありつづけるようなものでもまたない。真理は事柄の〈いま〉〈ここ〉にそのつど新たに現われ、しかもその〈いま〉と〈ここ〉を起点としてそのつど新たな時間が流れはじめる。「事柄のなかに存在している真理が、そのときそのときの連関と時間的構造に応じて、事柄をじつにさまざまな異なったかたちで呈示しながら、自らはっきりした姿で現われ出てくる」（同頁）。したがって、真理の指標は「無時間性」ではなく「時間性」ないしは「歴史性」である。

無志向の真理の妥当性は、あくまで歴史的なものであり、したがって無時間的なものではまったくなく、事柄が置かれたその時その時の歴史的な場と結びついて、それとともに変化してゆくからである。したがって、はっきり言えることは、「無時間性」とは、いわゆる通俗的な真理概念のもつ指標にすぎないということである。（同書、二一九―二二〇頁）

第二節　人間の言語――命名する言語

ここまできてようやく「人間の言語」を論じる準備ができた。たしかに人間の言語においてもほかのすべての言語と同じように、その精神的本質が言語においてみずからを伝達する。それでは、「人間の言語」をほかのすべての言語と区別する特殊性とはなんだろうか。ベンヤミンはこう語る。

人間の言語は、しかし、言葉（Worten）において語る。したがって、人間は他のあらゆる事物を名づける（*benemt*）ことによって、自身の精神的本質を（それが伝達可能である限りにおいて）伝達する。（ベンヤミン　一九九五a、一三頁）

絵画の言語がカンバスを、彫刻の言語が大理石を、文学の言語が紙を使うとすれば、「人間の言語」は「ことば（Wort）」を使う。さらに、絵画や彫刻や文学の言語はたしかに「みずからを伝達する」

が、ほかのものを名づけたりはしない。「人間の言語的本質とは、人間が事物を名づけることである（同書、一四頁）。しかし、人間の言語の本領が「命名」にあるとすれば、「ことば」の本領は「名前（Name）」にある。命名とは一般に「名前を付けること」だからだ。したがって、ベンヤミンはこう語る。

名前こそ言語そのものの最も内的な本質である。（同書、一五頁）

それではそもそもひとはなぜ名前を付けるのだろうか。一般には、ある事柄を言い表わすことば（名前）によってその事柄をほかの人間に伝達するためだと考えられている。このばあい、伝達の手段はことばであり、伝達の対象は事柄であり、伝達の送り手も受け手も人間である。ベンヤミンはこうした見解を「ブルジョア的言語観」として退ける。これまでの「言語一般」の考察からすれば、この言語観があやまりであることはあきらかだ。言語はみずからの外部にあるいかなる伝達手段、いかなる伝達対象、伝達の送り手と受け手であるいかなる人間も知らないからである。ベンヤミンはみずからの言語観を次のように表現する。

名前において人間の精神的本質は自己を神に伝達する。（同書、一五頁）

「神」ということばの導入によって、われわれはふたたび言語神秘主義に連れもどされたかのようである。そもそも人間の言語は神、とりわけ神の言語とどんなかかわりがあるのだろうか。

ユダヤ教の伝統に立つかぎり、この問題は避けて通れない。ユダヤ教は「啓示」の宗教であり、「啓示」とは神が人間の言語を介してみずからを語ることだからだ。そうだとすれば、人間の言語の深いところには神の言語が住まっており、人間が語ったことのうちには同時に神の言語が語りだされている。人間はいつでも原理的にみずから言語に込めた以上のことを語ってしまうのである。こうした事態を、ベンヤミンの友人であり、ユダヤ神秘主義(カバラ)の研究者であるゲルショム・ショーレムは次のように言い表わしている。

> 人は意思を伝達する。自分を他者に理解してもらおうとする。しかし、こうしたあらゆる試みの内に、単に意思疎通とか意味とか表現というものではない何かが共鳴している。(ショーレム 一九九五、八一頁)

ベンヤミンによれば、どんな言語においても精神的本質がみずからを伝達するのだから、すべての言語は一種の「啓示」である。だが、ほかのすべての言語はそれぞれの「言語的本質」の違いによって、精神的本質のうちの伝達可能なものだけしか伝達できない。「さまざまな言語のあいだの相違はさまざまな媒質の相違であって、これらの媒質はいわばその密度にしたがって、つまり段階的に、区別される」(ベンヤミン 一九九五a、一八頁)。スコラ哲学は、精神的本質をどの程度どのように伝達できるかを、その存在の段階的区別を決定するものとみなしていた(同書、一九頁)。それにたいして、人間の言語は、「精神的本質（神の言語）」が語りだされるということをその「言語的本質」としている。したがって、人間の言語においてのみ「精神的本質」と「言語的本質」は一致する。人間の言語がほかのすべての言語に君臨する理由もそこにある。

第三節　純粋言語としての人名――人間と神の媒介者

しかし、ここまでのベンヤミンの議論はユダヤ教や西洋中世の伝統を踏まえた議論にすぎない。ベンヤミンの独自性は、神の言語と人間の言語の関係をあきらかにするために「人間の名前（人名）」をもちだすところにある。人間の名前こそは人間の言語と神の言語をつなぐ架け橋なのである。

この神の言葉の最も深遠なる写しであるもの、そして、人間の言語がたんなる言葉の神的無限性に最も親密にあずかるような地点、言いかえれば、人間の言語が有限ならざる言葉にも認識にもなりえない地点をなしているもの、それが人間の名前である。固有名（Eigenname）の理論は、有限の言語が無限の言語に境を接する、その境界についての理論なのだ。（ベンヤミン 一九九五a、二四頁）

そこでまず、ベンヤミンが「人間の言語」と「神の言語」の関係をどう考えているかを見てみよう。

創造は言葉においてなされた。そして、神の言語的本質がこの言葉にほかならない。人間のすべての言語は、名前のうちにあるこの言葉の反映にすぎない。〔…〕人間のあらゆる言語の無限性は、神の言葉の無制約で創造する力をもった絶対的な無限性に比して、つねに制約された分析的な本質のものにとどまる。（同書、二四頁。傍点は筆者）

ここで「神の言語」と「人間の言語」がたんに無限性と有限性としてではなく、「絶対的な無限性」と「制約された無限性」として対置されていることに注意しよう。人間の言語もそれなりに「無限なもの」でありうるのは、神のことばの創造力を「名前のうちに」限定された仕方であれ分かちもっているからである。ベンヤミンは神の言語と人間の言語のこうした共通点と相違点を、聖書の『創世記』第一章を手がかりにしてあきらかにする。そのさい彼が注目するのは、神が人間と人間以外のものを創造するときのリズムの違いである。神が自然を創造するときにくり返されるリズムは、「〈在れ〉――〈神は造られた〉――〈神は名づけられた〉」である。

神は言われた。「光あれ」。こうして、光があった。〔…〕神は光と闇を分け、光を昼と呼び、闇を夜と呼ばれた。（『創世記』第一章第三―五節）

神は言われた。「水の中に大空あれ。〔…〕」。神は大空を造り、〔…〕神は大空を天と呼ばれた。
（同書、第六―八節）

神の創造行為の初めと終わりに（「神は言われた」、「神は呼ばれた」というふうに）言語が現われる。言語は創造を開始するものであると同時に完成するものである。神は「ことば（Wort）」によって事物を創造し、次にみずからが創造したものが「なんであるか」を認識し、それが自分の望みどおりのものであることを確認して、それに名前を与える。なぜなら、創造したあと、「神はこれを見て、良しとされた」（たとえば、同書、第一二節）からである。

言語は、言葉（Wort）にして名前（Name）なのである。名前は言葉であるがゆえに、神のうちにおいて名前は創造する力をもち、神の言葉は名前であるがゆえに、この言葉は認識する力をもっている。（ベンヤミン 一九九五a、二二頁）

したがって、神の言語はみずから事物を創造するのだから、その事物の「始まり」に立ち会うことができると同時に、名前によってその事物のその後のあらゆるありかたをあらかじめ認識することもできる。つまり、神の言語こそが事物の「本質」をなしているのであり、この点に神の言語の「無限性」がある。

ところが、「人間の創造においては、自然創造の三重のリズムはまったく異なった秩序に席を譲ってしま」う（同書、二二三頁）。三重のリズムはここでも保たれてはいるが、〈神は創造された〉が三度くり返されるだけである。

> 神は御自分にかたどって人を創造された。神にかたどって創造された。男と女に創造された。
> （『創世記』第一章第二七節）

ここからわかるのは、第一に「神は人間をことばから造らなかった」ということであり、第二に「神は人間を名づけなかった」ということである。神はそれまで「創造の媒質として彼に仕えてきた言語を、自身のうちから人間のなかに解き放った」（ベンヤミン 一九九五a、二二三頁）。では、神が人間に解き放ち、人間にゆだねた言語とはどのようなものか。それは「命名する」言語である。「人間の言語的本質とは、人間が事物を名づけることを謂う」（同書、一四頁）。じっさい最初の人間が最初におこなった行為は、神が創造した事物に「名前を与えること」であった。人間の原型のルーツである「アダムの言語」は名づける言語であり、人間の言語の本領は「名前」なのである。

とはいえ、アダムはたしかに「あらゆる家畜、空の鳥、野のあらゆる獣に名前を付けた」（『創世記』第二章第二〇節）が、この「命名」はせいぜい二番煎じにすぎない。というのも、神はそれらを創造するときにあらかじめ名前を付けたはずだからである。

事物は神のなか以外には固有名をもたない。というのは、神は創造する言葉において、事物を、むろんその固有名を呼んで生ぜしめたのだから。これに対して、人間たちの言語においては、事物は過剰に命名されている。（ベンヤミン　一九九五a、三四頁）

人間の命名行為が「過剰命名（Überbenennen）」にならないのは、それが人間に向けられるばあいだけである。なぜなら、神は人間だけは名づけなかったからだ。アダムはすべてのものに名前を付けたあとに、みずからの妻に名前を与えている。「アダムは女をエバ（命）と名付けた」（『創世記』第三章第二〇節）。こうして、人間の言語の本領が命名にあるとすれば、その命名の本領が発揮されるのは、それが「人間の名前」に向けられたときである。そうだとすれば、人間の言語と神の言語の共通点と相違点は、「人間の名前（人名）」においてこそあきらかになるはずである。そこでまず「人間の名前」とそのほかの「事物の名前」を比べてみよう。

この二つの名前の共通点は、どちらも命名がおこなわれるためには「命名されるもの」がすでに存在していなければならないことである。どちらも神の「ことば（Wort）」のように創造する力をもたないからだ。どちらも存在が生まれでる場面には立ち会うことができない。だが、すでにローゼンツヴァイクの名前論で述べたように、事物の名前が生まれる場面にほとんどのばあい居合わせることができないのにたいして、人名ならそれができる。人名にはいつも特定の〈いま〉と〈ここ〉という性格がともなう。

それでは、人名の〈いま〉と〈ここ〉はどんな特徴をもっているだろうか。まず言えるのは、人名はそれが命名する人物とは原理的に一致しないということである。

生まれてきたばかりの子供を名づけるのであるから、ここで彼らが与える名前に符合するのは——語源的にではなく形而上学的に理解するなら——認識ではない。厳密にいうならば、いかなる人間も名前に〔…〕符合してはいない。（ベンヤミン 一九九五a、二四—二五頁）

人名の〈いま〉と〈ここ〉はたしかに歴史上の特定の時と地理上の特定の場所であるにはちがいないが、人名そのものはその時その場所にいる現実の人物を指し示すのではなく、「いまだ不在のなにか」を指し示している。

ところが、欠陥とも思える人名のこの特徴のうちにこそ、人間の言語の「創造性」と「無限性」が潜んでいる。ローゼンツヴァイクの「人名論」（本書第3章第五節「人の名前」）で示したように、「イマヌエル・カント」という名前が命名される〈いま〉と〈ここ〉は、現実の世界のなにものも対応していないが、ひとたびこの特定の〈いま〉と〈ここ〉が設定されると、「カント」という名前は新しい生を生きはじめる。その意味内容は、カントが一七二四年から一八〇四年の八〇年間にこの世でおこなったことさえも超えて、過去と未来へどこまでも広がっていく。神のことばのように、人名はそれが名指すものを創造することができないかぎりでは「制約されている」が、神のことばにも似た「創造性」と「無限性」をもっている。だからこそ、「人名」こそが人間の言語を神の言語とつなぐものなのだ。

固有名によってすべての人間に、神により創造されたことが保証される。そしてこの意味で、固有名そのものが創造するものであるのだ。〔…〕固有名とは、人間が神の創造する言葉と結ぶ共同性にほかならない。（ベンヤミン 一九九五a、二二五頁）

そうだとすれば、人間の名前はいわば「廃墟」であり、「命名」という行為は意図的に廃墟をつくりだすいわば「廃墟化」の行為だと言えよう。すでに述べたように、事物はそれを生みだした作者の意図や時代状況や文化的背景といった歴史の具体的な文脈から転げ落ちるときにはじめて新しい意味を語りはじめる。同様に人名もまた、そのつど〈いま〉と〈ここ〉を設定することによって、それが名指している人物と彼が生きている歴史的世界の連続性を中断して、そこに新しい意味の地平を創出する。命名の〈いま〉もまた等質的で連続的な時間のうちに位置づけられるような点ではなく、それを中心として時間の地平が過去と未来へと無限に広がっていくような〈いま〉である。ローゼンツヴァイクはこうした〈いま〉を「時機（Stunde）」と呼んだが（本書、一二七―一二八頁）、ベンヤミンはのちにこれを「認識が可能になる〈いま〉」とか、「現在時（Jetztzeit）」と呼ぶようになる。たとえば、一九二〇年から二一年にかけて書かれた「認識理論」という小論では、次のように語られている。

命題「真理は、ある意味で、完成した世界状態に属するものであり、自ら崩壊することによって別の世界状態へと伸展してゆきながら、〈いま〉という次元をめざして成長してくる」。すなわち、世界はまさにこの〈いま〉において認識可能だということである。真理は、この「認識が可能となる〈いま〉」に存している。（ベンヤミン 一九九二c、二二七頁）

ベンヤミンはこの時間のイメージを晩年までもちつづける。たとえば、彼の最後の著作である「歴史の概念について」（一九四〇年）には次のような箇所がある。

歴史は構成の対象であって、この構成の場を成すのは均質で空虚な時間ではなく、現在時（Jetztzeit）によって満たされた時間である。（ベンヤミン 一九九五d、六五九頁）

だが、命名の〈いま〉と〈ここ〉は、無限に伸びていく過去と未来（ベンヤミンはこれをのちに「前史（Vorgeschichte）」と「後史（Nachgeschichte）」と呼ぶようになる）を新たに開くだけではなく、内へと向かう無限な運動と外へと向かう無限な運動をも開くことになる。ふたたび「カント」という人名を考えてみよう。この名前は命名されたときにはなんの意味ももたず、論理学の用語を使えば「内包」がゼロである。だが、時間が経過していくにつれて、内包はしだいに豊かになっていく。そして内包が豊かになっていけばいくほど、われわれはカントがこの世界にたったひとりしかいないかけがえのない人物であることを認識できるようになる。「カント」はいわば内へ向かって無限に閉じていくわけだ。

人名は個人を名指すものだと一般に言われるが、個人とはいわば無限にそれに近づいていく虚焦点のようなものである。だが、「カント」という名前の内包が豊かになっていく過程は、論理学の常識に反して、その「外延」が豊かになっていく過程でもある。「カント」は新カント派やハイデガーやイギリス経験論、さらにはグローバル化の現代とそこに生きるわれわれにも関係するようになるからだ。「カント」は外へ向かう無限の運動でもある。

こうして名前において、絶対的に伝達可能な精神的本質としての言語の内包的（intensive）全体性と、普遍的に伝達する（名づける）本質としての言語の外延的（extensive）全体性とが、頂点に達する。（ベンヤミン 一九九五a、一七頁）

人名とは個人を名指すものとされるが、「カント」という名前はたったひとりしかいないカントを認識させてくれるのだから、名前はそれが名指すもののなんであるかを「絶対的に伝達可能」にする。だが同時に、「普遍的に伝達する（名づける）本質としての言語の外延的全体性」は、名前をすべてのものにたいする「呼びかけ」に変える。「カント」はそれが命名された瞬間から過去と未来のあらゆるものに向けて「呼びかけ」はじめる。ベンヤミンはこうした事態を一種のことば遊びをしながら、こんなふうに表現している。

名前は言語の究極の布告（Ausruf）であるのみならず、また、言語の本来の呼びかけ（Anruf）でもある。このこととともに、名前において、自己自身を語り出すこと（Aussprechen）と他のすべてのものに語りかけること（Ansprechen）とは同じひとつのことである、という言語の本質法則が立ち現われてくる。（同書、一七頁）

したがって、人間の名前は個人を特定したり、ほかのものと区別したりするのではなく、むしろなによりもまず、個人が個人のままであらゆるほかのものに時間を超えて呼びかけ、応答しあうような関係を、つまりは〈われわれ〉の共同体をそのつど創出するような言語装置なのである。

さらに、こうした「人名」にかんする議論は「事物の名前」や「一般名詞」にも拡張することができる。たとえば「正義」や「善」といった一般名詞には、時代が変わり文化が変わるにつれてさまざまな意味が付与されてきた。これからもさまざまな意味が与えられていくことだろう。ではこれらのことばの意味はいつ完結するか。それはその無限な意味が汲み尽くされたときである。そのときには、それぞれの名前は諸言語の壁を越えて、たがいに呼びかけ、応答しあうようになるだろう。そして、それによって実現される「諸言語間のあらゆる歴史を超えた親縁性」を通して垣間見えるようになるのが、ベンヤミンの言う「純粋言語（die reine Sprache）」にほかならない。

諸言語間のあらゆる歴史を超えた親縁性の実質は、〔…〕個々の言語において、そのつど一つの、しかも同一のものが志向されているという点にある。それにもかかわらずこの同一のものとは、個別的な諸言語には達せられるものではなく、諸言語が互いに補完しあうもろもろの志向の総体によってのみ到達しうるものであり、それがすなわち、〈純粋言語〉なのである。（ベンヤミン 一

九九六c、三九六―三九七頁）

こうした純粋言語を直接に語りうるのはたしかに神の言語だけであり、有限な人間のことばには不可能である。とはいえ、人間は事物に名前を与えて事物のうちに無限な意味への志向を生みだすことによって、世界を創造したときの神の言語に近づいていくことはできる。「神の創造が成就されるのは、事物が自身の名前を人間から得ることによってである」（ベンヤミン　一九九五a、一六頁）。したがって、ベンヤミンはこう語ることができる。

人間は名づけるものであり、この点にわれわれは、人間のうちから純粋言語が語り出していることを認識する。（同書、一六頁）

人間は自分にであれ事物や事柄にであれ名前を与えることによって、純粋言語を語りだし、そのつど「言語共同体」をつくりだしているのだ。

終　章　「名前の哲学」が教えること

わたくしごとで恐縮だが、還暦を過ぎて数年になる。この年齢になれば、かけがえのないものを失う。世界にぽっかりと穴が開いてどうにも埋めようがない。だからといって、そこからこの世の向こう側が見えるようになるわけではない。あくまで「くぼみ」ができるだけである。かけがえのないものを失うことは、ひとつの時間が決定的に終わることでもある。だからといって、時間が停止してそこから永遠が垣間見えるわけではない。あくまで「間」ができるにすぎない。私が生身で生きている世界は、思った以上にでこぼこしており、亀裂が走り、不安定である。この実感を言い表わそうとしても、西洋の伝統的哲学にはそのための概念装置が乏しいことに気づかされた。

砂の思想

西洋の人たちが無や死に鈍感だというのではけっしてない。むしろ敏感すぎるほど敏感である。「世界はなぜ存在するのであって、むしろ無ではないのか」という奇妙な問いがまじめに問われてきたことからしても、存在にたいする彼らの考えかたはかなりペシミスティックである。その存在思想はいわば「砂の思想」とでも呼べそうである。いま浜辺で砂遊びをしているとしよう。のっぺらぼうで均質な砂浜になにかを造形しようとすれば、砂を高く積みあげて、それをしっかり踏み固めなければばならない。外から「かたち」を与える作業をすこしでも怠れば、砂は風や水によってサラサラと崩れさり、もとの状態にすぐさま返ってしまう。このような世界では、砂そのものよりも、それに外から「かたち」を与えて存在たらしめているものにどうしても目がいきがちだ。

その典型がプラトンの「イデア」である。イデアとはもともと「見る」を意味するイデインという動詞の過去分詞形であり、「かたちとしてはっきり見てとられるもの」という意味である。つまり、イデアこそがこの世のものを「はっきり見てとれる」ようにしているものであり、この世のものはみずからを超えたところにあるイデアを分かちもつことで「かたち」を保ち、無へと転落せずにすんでいる。アリストテレスは「形相（エイドス）」と「質料（ヒュレー）」という対概念を考えだした。「エイドス」もイデアと同じくもともとは「かたちとしてはっきり見てとられるもの」という意味である。つまり、「形相」がかたちを与える形成原理であるのにたいして、「質料」はかたちを受けとる素材である。そのさいアリストテレスはプラトンと違って、形相は質料のうちに「可能態（デュナーミス）」として内在すると考えたが、形相と質料はまったく異質であり、事物を存在たらしめるのはもっぱら形相である。

外からかたちを与えるこうしたものは、放っておけばただちに無に帰ろうとするものを存在に引きとどめるのだから、それ自身はけっして無への傾向を寄せつけてはならない。こうして、「あるものだけがあり、ないものはない」という古代ギリシアの哲学者、パルメニデスのあの有名な命題が生まれてくる。パルメニデスから見れば、ほんとうの世界はどこまでも単一にして均質であり、亀裂もなければ区別もない。生成消滅さえもけっして起こらない。なぜなら、二つの異なる存在が区別されるためには、それを分けへだてる「無」が「存在」しなければならないし、生成消滅が起こるためには、いままで「なかったもの」が「ある」ようになるとか、いままで「あったもの」が「なくなる」とかしなければならないからだ。だが、「ある」と「ない」はけっして並びたつことはないのだから、どちらもありえない。

こうした考えかたは、生成消滅、栄枯盛衰の本来的な舞台であるはずの「歴史」にまでもちこまれる。その典型が、近代西洋の歴史観である「進歩史観」である。進歩史観とは、歴史の終局に理想的な究極目標を設定しておいて、現在のすべての歴史現象はこの目標に向かって不可逆的に不断に近づいていると考えるような思想である。ここではなにものもこの未来へ向かう運動を免れることができない。ベンヤミンは進歩史観をこう表現している。

> 歴史の天使は顔を過去の方に向けている。私たちの眼には出来事の連鎖が立ち現われてくるところに、彼はただひとつの破局《カタストローフ》だけを見るのだ。〔…〕ところが楽園から嵐が吹きつけていて、それが彼の翼にはらまれ、あまりの激しさに天使はもはや翼を閉じることができない。この嵐が彼を、背を向けている未来の方へ引き留めがたく押し流してゆき、その間にも彼の眼前では、瓦礫の山が積み上がって天にも届かんばかりである。私たちが進歩と呼んでいるもの、それがこの嵐なのだ。（ベンヤミン　一九九五d、六五三頁）

ゲオルク・ヴィルヘルム・フリードリヒ・ヘーゲル

ヘーゲルの弁証法と精神

しかし、西洋の伝統的哲学には、このように「存在」と「無」を絶対的に対立させるだけではなく、ヘーゲルの弁証法のように存在は無との関係なしにはありえず、したがって、たえざる生成変化こそが世界のほんとうのありかただとする考えかたもあるのではないだろうか。

ヘーゲルが『大論理学』第一巻「存在論」（一八一二年）の冒頭で展開している有名な「存在・無・生成」の弁証法を見てみよう。それによれば、もっとも基本的な学問はもっとも基本的な概念から出発しなければならないが、もっとも基本的な概念とは「存在」である。なぜならすべてのものは、特定のありかたをし特定の性質をもつのに先だって、おしなべて「存在している」からである。そこで、学問が最初に問わなければならないのは、「存在とはなにか」である。ところが、こんなふうに問いかけた瞬間に困った事態が生じてしまう。どんな答えを提案しても、ただちにそれが誤りであることがあきらかになるからだ。たとえば、存在とは黄色いものだと答えたとしよう。この答えは赤いものや青いものを排除するが、排除できるからにはそれらもまた「存在している」はずである。存在とは丸いものであると答えてみても、四角いものも三角のものもやはり存在している。答えになにか特定のものを提案すれば、かならず別の特定のものを排除してしまうのだから、この問いにたいするもっとも適切な答えは、答えの部分になにも入れず、空白のままにしておくことである。しかし、どんな特定のものでもなくどんな特定の性質ももたないものを、われわれはふつう「無」と呼ぶ。だから、存在の本質はじつは無であって、ほんとうに出発点とすべきなのは無だったのである。そこで、こんどは「無とはなにか」と問わねばならなくなる。ところが、「無」を主語として立てたとたんにふたたび「無」は「存在」に返ってしまう。というのも、主語にできるものはなんらかの仕方で存在していなければならないからだ。そこで、ほんとうにあるのは、「存在」でも「無」でもなく、存在から無へ、無から存在へと移行する運動、つまり「生成消滅」だけである。ほんとうの世界は、パルメニデスのように静止した静寂の世界ではなく、つねに変化してとどまることのない動的な世界なのである。

目覚めと眠りのリズム

だが、無や生成消滅を真剣に受けとめるように見えるヘーゲルの世界もまた、われわれが生身で生きている世界にはなじまない。彼は弁証法的な運動を展開する主体を「精神（Geist）」と呼ぶ。たしかに、この精神は静かに自足しているのではなく、生きていくためにはみずからを否定する非精神的なものを必要とする。精神の生は障害に次々に遭遇する苦難の連続と言える。われわれの精神もこのいわば大文字の「精神」を分かちもっているにはちがいない。しかしそれでもなお、この精神はわれわれの精神ではない。この大文字の「精神」はけっして休憩しないし、そもそも眠らないからだ。ヘーゲルの『精神現象学』（一八〇七年）は、精神が「感覚的確信」というもっとも素朴な段階から「絶精神が一休みして眠った形跡がない。ローゼンツヴァイクはこの点でヘーゲルの精神を批判する。

対知」という最高の自覚的段階にまで成長していく過程を描いているが、この旅路のどこにおいても精神がすべてを精神にするということこそが、精神の悪徳である。精神的な世界においては、すべてが昼間のように明るく、眼が冴えわたり、夜もなければ眠りもない。〔…〕精神はいまだ一度もくぼみを残したことがない。そこでは世界は窒息してしまう。（ローゼンツヴァイク二〇一九e、二三四頁）

たしかに「精神に完全に貫かれた世界があるなら「美しい」だろう。しかし奇妙なことに、すばらしい日々が続くことほど耐えがたいものはない！」（同書、二三三頁）。われわれの生身の精神はそんな世界には生きられない。われわれの精神は眠りと目覚めのリズムを離れては生きていけない。

一日のいずれの位相、それどころかいずれの瞬間にも、息を吸うことと息を吐くこと、労働と平穏という二種類の恩恵が入れ替わる。最終的には一日全体もこれにしたがって、覚醒と睡眠という二つの部分に分かれる。覚醒時には人間は「みずからのもとに」ある。彼は人間であり、人間のなかの人間であり、世界に対峙する人間である。ひたすら覚醒しっぱなしで生きられるなら、人間は全能になれるだろう。世界は創造に熱中する彼の両手にとっての彫塑可能な素材でしかなくなり、人間自身がみずからにとって唯一の中心になり、神になるだろう。（ローゼンツヴァイク

二〇一一、一一六頁）

ところが、夜になれば人間は眠りにつく。そうなれば「世界は彼の手からすべり落ちる。〔…〕彼はもはや存在しない。存在するのは世界である。〔…〕世界そのものが唯一の存在であり、それ自身にとって神になるだろう」（同書、一一六―一一七頁）。しかし、じっさいにはそうはならない。「ふたたび昼がやってくる。人間は目覚め、日々の仕事に出かけていく。人間だけが存在するのでもなければ、世界だけが存在するのでもない」（同書、一一七頁）。つまり、人間が覚醒しか知らなければ、世界は人間にとってたんなる素材でしかなくなるし、人間が眠りしか知らなければ、人間は世界の一部でしかなくなる。昼と夜、覚醒と睡眠のリズムがあってはじめて、人間と世界の一方が他方に吸収されてしまうことなく、「人間が世界のうちに生きる」ということが可能になるのである。

語りと沈黙のリズム――対話

ヘーゲルの精神とわれわれの精神にはもうひとつ大きな違いがある。ヘーゲルの精神は眠る必要がないのと同様に、息継ぎをする必要がない。いつまでも途切れることなくしゃべりつづけることができる。そうなると、だれもその語りに割って入れないため、その語りはモノローグ（独り言）になる。人間の語りはそうはいかない。人間はどんなにしゃべりつづけたくても、どこかで息を吸わなければならず、息を吸うときには黙るほかはない。息を吸うことと息を吐くことのリズムを免れないわれわれの語りは、沈黙によって寸断されている。そして、沈黙が介在する以上、他者が割って入る余地をどうしても残してしまう。じっさいわれわれのふつうの語りは、他者がつねに割りこんでくるような語り、つまり「対話」である。どこまでも続くモノローグが人間の語りにどれほど似つかわしくないかは、通りや広場で独り言をブツブツつぶやいている人を想像してみるとよい。われわれはそういう人を気味悪く思うにちがいない。

しかし、語りが沈黙と他者によって寸断されるとすれば、われわれは自分の言いたいことを十分に言えないのではないか。いや、そうではない。むしろそうだからこそ、われわれはつねに新たに語るべきことを見いだすのであり、しかも、その語るべきことはどこまでも尽きることがないのだ。独り言は自分が知っていることしか語ることができない。『精神現象学』の精神はわれわれの精神とは違って博識だが、そうでありうるのは、歴史が一定の完結を迎えて、それまでのすべてのものが既知となるような時点に生まれあわせている、とこの精神が信じているからだ。独り言は新しいことを語ることはできないし、一人で知りうることはかぎられているのだから、その語りはいつか尽きてしまう。じっさい『精神現象学』の最終章に登場する「絶対知」は、それまでの人間の歴史が「さまざまな絵が飾られた画廊」のようになってしまうような知であり、「精神は以前のさまざまな精神の経験からなにも学ぶことがなかったかのように」(ヘーゲル 一九九八、五四八頁) なってしまう。ヘーゲルの「精神」はほんとうの意味でこの世界に「住みつく」ことができないのである。

「対話」は違う。対話は呼びかけと応答からなっている。たとえば、私が「きのうドライブに行った」と語ったとしよう。この発言はきのうの私の状態やきのう世界で起こったささやかな出来事を客観的に記述しているわけではない。私はこれをだれかに向けて語っているのであり、そのだれかからの応答を期待している。だが、それだけなら対話は一往復しただけで終わってしまう。そうならないためには、私は相手の応答を呼びかけと解して、それにふたたび応答する準備をしておかなければならない。ところが、私は「語るべきこと」をあらかじめ準備しておくことができない。たとえば、私が「きのうドライブに行ったよ」と語り、相手からの「だれと行ったの」という応答を予想して、「ガールフレンドと行ったんだ」という答えを準備していても、相手は「どこに行ったの」とか「車の乗り心地はどうだい」と聞くかもしれないし、「それは楽しかっただろうね」と言うだけかもしれない。そうなると、私は準備していた「語るべきこと」をあわてて捨てさり、予想していなかった「新しいこと」を語らされるはめになる。「対話」において私はたいていのばあい自分がなにを語るかを知らず、そのつど新たに語りはじめる。たしかに、相手がどのように応答するかを一〇〇パーセント予想できれば、こうしたやっかいな事態は避けられるだろう。しかしそのような相手は語るべきことをすでにインプットされたロボットでしかないし、その対話はじっさいには独り言にすぎない。われわれは語りと沈黙のリズムにおいてこそ、つねに新しいことを語りつづけることができ、対話の相手がロボットではなく、私と同じように自由な自立した人間であり、私の「仲間」であることを知ることができる。沈黙によって寸断された語りによってこそ、〈われわれ〉の共同体が可能になるのである。

名前の世界――「くぼみ」の世界

では、「名前の哲学」はわれわれになにを教えてくれるだろうか。まず第一に、名前はなんらかのものについて語ったり伝達したりするためにに外から貼りつけられるたんなるレッテルではないということである。むしろ名前は、ヴィトゲンシュタインによれば、それによってわれわれが世界に住みつき、世界になじむ仕方であり、それどころかローゼンツヴァイクやベンヤミンによれば、そうした世界をそのつど新たに創出するような言語装置である。

名前が教える世界は、伝統的な哲学や科学が教えるような世界とは違っている。この世界の説明には、「本質」と「仮象」、「内在」と「超越」、「内部」と「外部」といった対概念が役に立たない。まず、どんなものも名前なしには存在できず、名前はものにとって本質的なものであり、「内部的」なものだが、同時に名前はものにたいして「外部」からやってくる。

こうした奇妙なありかたはどのようにイメージしたらよいだろうか。日ごろ使っている鍋がへこんで「くぼみ」ができたとしよう。この「くぼみ」は鍋の一部であり、鍋そのものに属するだろうか、それとも、鍋の外部、いわば新たな侵入者だろうか。答えはどちらでもあり、どちらでもない。名前の世界は「くぼみ」の世界である。

生の「くぼみ」としての死

「名前」が教えるこうしたありかたはじつに奇妙だが、よく考えてみれば、われわれの日常的なありかたを忠実に映しだしている。人間はいわれなくこの世に産みおとされ、勝手がわからない世界で生きていかなければならないが、それなのにふたたびいわれなくこの世から連れさられる。「死」はどう考えても「生」にたいする理不尽な侵略者である。この点ではすべての生物は同じ運命にある。生き物はつねに死の脅威にさらされ、それを避けようと懸命に努力するが、いつかはかならず死にさらわれてしまう。ところが、人間はご苦労なことに、自分がさしあたって死ぬ心配がなくピンピンしているときでも、死の不安にさいなまれる。というのも、死の意識なしには人間の生の営みはなりたたないからである。たとえば、私が大学生だとしよう。いま講義をまじめに受けているのは四年後には卒業するためであり、四年後に卒業するのは会社に就職するためであり、就職するのはやがて結婚してマイホームをもつためである。いま貯金するのは老後の生活を安泰にするためである。われわれはこのようにさまざまな目標を設定することによっていまなにをすべきかを決めている。しかし、もし仮に永遠に生きるとしたら、四年後に大学を卒業するとか、老後のために貯蓄するという目標にどんな意味があるだろうか。自分が「死ぬ」という意識こそがそうしたすべての目標設定を意味あるものにし、いかに生きるべきかという問いを有意味なものにしている。人間にとって「死」は「生」にとって残酷な「外部」であると同時に、どこまでも「内部」でもある。

それでは、ハイデガーが主張するように私はみずからの死を自覚することによってこそ、「ほんとうの」自分に到達できるのだろうか。そうではない。それどころか、この世に産みおとされるということは、みずからの死にたいする権利を永遠に失うことである。私は自分の死に立ちあうことができない。立ちあう私がもはや存在しないのだから。私の死に立ちあえるのは他者だけである。「死」は「生」に穿たれた「くぼみ」でしかないのである。

他者とともにある世界

「名前の哲学」が教える第二のことは、われわれが名前によって住みつく世界は、「他者とともにある」世界だということである。名前はもとより「呼びかける」ためのものであり、それが開く世界は他者の存在をすでに前提としている。これまで使ってきた比喩をふたたびもちだせば、「くぼみ」にいつかぽっかりと穴が開いて向こう側に通じることはけっしてない。したがって、この「くぼみ」を深く掘りすすめばすすむほど暗くなっていくはずである。だが、名前の穿つ「くぼみ」はふつうのくぼみとは違って、深くなればなるほど光がさしそめる。このさしそめる光とは「他者」である。

同一性の思想

問題はこの「他者とともにある」ということをどのように考えるかである。ふつうわれわれは、なにか同じものを共有していればうまくやっていけると考えがちである。たとえば、同じ綱領を支持していれば、一致団結して政治行動ができるだろうし、なにが正しくなにがまちがっているかについて意見が一致していれば、たがいにけんかすることもない。友好的な人間関係を可能にしているのは、その成員が共有している「同一性」だというわけである。しかし、こうした「同一性の思考」においては、各成員を区別する「差異性」、各成員がもつ個性は軽視されるだけでなく、人間関係を乱す有害な要因として排除されがちである。倫理観が違えばけんかが起こるし、各人が思いのままに行動すれば、統一的な政治的力にはならないだろう。しかし、「同一性」ばかりが強調され、「差異性」が排除されるならば、そのあいだに関係が築かれるべき項そのものがなりたたなくなってしまい、すべてはひとつの「全体性」に飲みこまれてしまう。私と他者が共生する「共同体」ではなく、暗澹《あんたん》たる「全体主義」が生じてしまうだろう。

〈われわれ〉の共同体

したがって、真の共同体が可能であるためには、私と他者のあいだにはけっして架橋することができない深淵が横たわっているのでなければならない。このことを教えてくれるのが「人名」である。すでに述べたように、「人名」はほかの名前と違って、われわれみずからがそれを命名できるし、そうでなくても命名がおこなわれた場所と時間を知ることができる。人名にはそれが生まれた〈いま〉と〈ここ〉が刻みこまれている。そして、この〈いま〉と〈ここ〉は人間のありかたにつねにつきまとう。

ローゼンツヴァイクとベンヤミンの名前論において示したように、名前は〈いま〉と〈ここ〉を起点にして、その名前を与えられた人物の「内包」はそのつどの〈いま〉と〈ここ〉において増していき、それにつれて赤ん坊のときには見られなかった彼の個性、彼の「かけがえのなさ」も増していく。その個性は時間をかけて醸成されていき、しかも、この個性の醸成は彼の「死後の生」においても続き、完結することがない。特定の〈いま〉と〈ここ〉で命名された瞬間に、彼とわれわれのあいだに「深淵」が生まれ、この深淵は埋められるどころか、ますます深まるばかりである。したがって、名前をもつ個人は、世界におけるたんなる一事物でもなければ、伝統的な論理学や形而上学が理解するようなものでもない。

固有名をもつものは、もはや事物でありえないし、もはやだれの所有物でもありえない。それは類のなかに残りなく入りこむことはできない。というのも、それが帰属する類など存在せず、それみずからが類だからである。それはまた、もはや世界のなかに自分の場所ももたなければ、できごとのなかにみずからの瞬間ももたず、むしろ、みずからの〈ここ〉と〈いま〉をいつもたずさえている。それが存在するところにはひとつの中心があり、それが口を開くところにはひとつの始まりがある。（ローゼンツヴァイク 二〇〇九、二八五頁）

だがそうだとすれば、どんな集団も孤立した個人の原子論的な集まりでしかなく、人間にとってどんな「共同体」も「国家」も抑圧的な「外部」でしかないのだろうか。そうではない。名前が教えるところによれば、名前をもつ人間の「内包」が増すにつれて、その「外延」もまた増していく。彼とわれわれをへだてる「深淵」が深くなればなるほど、彼はわれわれと多様な関係を結べるようになる。その関係は彼が生きている現在と現実世界を超えて広がっていく。そこに結ばれる関係は過去へさかのぼる歴史的関係であるだけでなく、未来へ向かうユートピア的関係でもある。

「名前の哲学」は、真の人間関係はあらゆる「同一性の思考」を排除したところにのみなりたつということを教えている。真の共同体における〈われわれ〉は、「民族」や「国民」といった「全体性」と同一視されてはならない。国民背番号制が示すように、国家権力はつねに固有名を嫌うものである。現在の政治状況においてはそれがどんなに困難であれ、名前が創出する共同体は成員の多元性を認める「共生」によってしか可能ではないことを教えている。

注

［第1章］

1　“Name”はミルのばあいにはかなり広い意味をもっている。“Name”とは、命題において主語と述語になりうるものを言う。したがって、「〜の」とか「真に」とかいった小詞は“name”ではないが、「白い」などの形容詞は、命題の述語になりうるので“name”である。そこでここではもっと広い意味をもつ「名辞」と訳しておく。『広辞苑』第五版の「名辞」の説明には、「文法上の名詞とはちがって、多くの語の集合でも、また形容詞その他の語でも、一つの概念を代表するものであればよい」とある。ちなみに、アリストテレスの『詩学』では、「オノマ（名前）」は「合成されてできている・意味をもった・時間の観念を伴わない音声」（一四五七a）と定義され、名詞だけではなく形容詞や代名詞も含んでいる。

［第2章］

1　この書簡の冒頭に次のような文言がある。「われわれの言語について。ある告白。／フランツ・ローゼンツヴァイクのために。一九二六年一二月二六日」。この書簡はステファヌ・モーゼスによって一九八五年にはじめて発表された（モーゼス　二〇〇三、二四九—二五二頁）。

［第3章］

1　第四節、五節、六節の副題とした「名前の論理学」、「名前の倫理学」、「名前の神学」については以下の箇所を参照。「いったい名前がなんだというのか。名前の倫理学ならまだしも理解できる……（固有名）。名前の論理学もそうである……（事物の名前）。しかし、名前の神学はどうだろうか。たとえほかの二つのばあいに名前ははかないものではないとしても、神においてはたしかにそうではないか」（ローゼンツヴァイク 二〇一九b、一七二―一七三頁）。

2 「神はみずからを存在する者（der Seiende）と名づけているのではなく、そこに存在する者（der Daseinende）、君にとってそこに存在する者（der dir Daseinende）、君のかたわらに存在する者（der dir zur Stellen Seiende）、君にいま居あわせている者（der dir Gegenwärtige）、君のもとに居あわせている者（der bie dir Anwesende）、あるいはむしろ、君のところにやってくる者（der zu dir Kommende）、君を助ける者（der dir Helfende）と名づけている」（一九二七年六月二三日のマルティン・ゴルドナー宛書簡。Rosenzweig 1979, S. 1161）。

［第4章］

1 ベンヤミンは「いまも生きている本（Bücher, die lebendig geblieben sind）」（一九二九年）という小論において、そうした四冊の書物として、アルフレート・ゴットホールト・マイアー『鉄骨建築（*Eisenbauten*）』（一九〇七年）、フランツ・ローゼンツヴァイク『救済の星』（一九二一年）、ジェルジ・ルカーチ『歴史と階級意識』（一九二三年）（城塚登・古田光訳、白水社、一九六八年）と並んで、アロイス・リーグルの『末期ローマの美術工芸』（一九〇一年）（井面信行訳、中央公論美術出版、二〇〇七年）を挙げている。

書誌

外国語文献

Bering, Dietz 1987, *Der Name als Stigma: Antisemitismus im deutschen Alltag, 1812–1933*, Klett-Cotta.

Bierer, R. 1902, "Zur Frage jüdischer Namen", *Die Welt*, Heft 27, 1902.

Emden, Christian J. 2006, *Walter Benjamins Archäologie der Moderne: Kulturwissenschaft um 1930*, Wilhelm Fink.

Desgodetz, Antoine 1682, *Les édifices antiques de Rome, dessinés et mesurés très exactement*, J. - B. Coignard.

Hallett, Garth ed. 1977, *A Companion to Wittgenstein's "Philosophical Investigations"*, Cornell University Press.

Kilcher, Andreas B. 2009, "Verwandlung der Namen", Tatjana Petzer, Sylvia Sasse, Franziska Thun-Hohenstein, Sandro Zanetti, hrsg., *Namen: Benennung - Verehrung - Wirkung, Positionen der europäischen Moderne*, Kulturverlag Kadmos.

Kremer, Arndt 2007, *Deutsche Juden - deutsche Sprache: Jüdische und judenfeindliche Sprachkonzepte und -konflikte 1893–1933*, De Gruyter.

Lotze, Hermann 1856-64, *Mikrokosmos: Ideen zur Naturgeschichte und Geschichte der Menschheit: Versuch einer Anthropologie*, 3 Bde., S. Hirzel.

Rosenstock-Huessy, Eugen 2008, *Im Kreuz der Wirklichkeit: Eine nach-goethische Soziologie*, Bd. 1, Talheimer.

Rosenzweig, Franz 1979, *Der Mensch und sein Werk: Gesammelte Schriften*, Bd. 1, Martinus Nijhoff.

Seidemann, Gustav 1902, "Welche Namen sollen wir unseren Kindern geben?", *Die Welt*, Heft 24, 1902.
Stuart, James and Nicholas Revett 1762-1816, *The Antiquities of Athens*, printed by J. Haberkorn.
Susman, Margarete 1965, "Die Revolution und die Juden: Ein Vortrag von 1919", *Vom Geheimnis der Freiheit: Gesammelte Aufsätze 1914–1964*, hrsg. von Manfred Schlösser, Agora.
Zunz, Leopold 1837, *Namen der Juden: Eine geschichtliche Untersuchung*, L. Fort.

邦訳・日本語文献

アウエルバッハ、エーリッヒ 一九九四『ミメーシス』上・下巻、篠田一士・川村二郎訳、筑摩書房（ちくま学芸文庫）。

アリストテレス 一九七二『詩学』藤沢令夫訳、『世界の名著』第八巻「アリストテレス」田中美知太郎責任編集、中央公論社。

——二〇一三『命題論』早瀬篤訳、『アリストテレス全集』第一巻、岩波書店。

アーレント、ハンナ 二〇〇二「何が残った？ 母語が残った」——ギュンター・ガウスとの対話」、ジェローム・コーン編『アーレント政治思想集成』第一巻、齋藤純一・山田正行・矢野久美子訳、みすず書房。

ヴィトゲンシュタイン、ルートヴィヒ 二〇一三『哲学探究』丘沢静也訳、岩波書店。

クリプキ、ソール 一九八五『名指しと必然性——様相の形而上学と心身問題』八木沢敬・野家啓一訳、産業図書。

ショーレム、ゲルショム 一九九五「神の名とカバラーの言語理論」市川裕訳、『エラノス叢書』第九巻「言葉と創造」平凡社。

ジンメル、ゲオルク 一九七六「廃墟」円子修平訳、『ジンメル著作集』第七巻、白水社。

スタイナー、ジョージ 一九九九『バベルの後に――言葉と翻訳の諸相』上巻、亀山健吉訳、法政大学出版局。

田中克彦 一九八一『ことばと国家』岩波書店(岩波新書)。

フーコー、ミシェル 二〇〇二「カントについての講義」小林康夫訳、『ミシェル・フーコー思考集成』第一〇巻、筑摩書房。

プラトン 一九七四『クラテュロス』水地宗明訳、『プラトン全集』第二巻、岩波書店。

フレーゲ、ゴットロープ 二〇一三「意義と意味について」野本和幸訳、『言語哲学重要論文集』春秋社。

ヘーゲル、G・W・F 一九九八『精神現象学』長谷川宏訳、作品社。

ベンヤミン、ヴァルター 一九九二a「真理と諸真理 認識と諸認識」、『来たるべき哲学のプログラム』道籏泰三訳、晶文社。

―― 一九九二b「個別科学と哲学」、『来たるべき哲学のプログラム』道籏泰三訳、晶文社。

―― 一九九二c「認識理論」、『来たるべき哲学のプログラム』道籏泰三訳、晶文社。

―― 一九九五a「言語一般および人間の言語について」浅井健二郎訳、『ベンヤミン・コレクション』第一巻、浅井健二郎編訳、筑摩書房(ちくま学芸文庫)。

―― 一九九五b「複製技術時代の芸術作品」久保哲司訳、『ベンヤミン・コレクション』第一巻、浅井健二郎編訳、筑摩書房(ちくま学芸文庫)。

―― 一九九五c「ゲーテの『親和力』」浅井健二郎訳、『ベンヤミン・コレクション』第一巻、浅井健二郎編訳、筑摩書房(ちくま学芸文庫)。

―― 一九九五d「歴史の概念について」浅井健二郎訳、『ベンヤミン・コレクション』第一巻、浅井健二郎訳、筑摩書房(ちくま学芸文庫)。

編訳、筑摩書房（ちくま学芸文庫）。

――一九九六a「経験と貧困」浅井健二郎訳、『ベンヤミン・コレクション』第二巻、浅井健二郎編訳、筑摩書房（ちくま学芸文庫）。

――一九九六b「物語作者」三宅晶子訳、『ベンヤミン・コレクション』第二巻、浅井健二郎編訳、筑摩書房（ちくま学芸文庫）。

――一九九六c「翻訳者の使命」内村博信訳、『ベンヤミン・コレクション』第二巻、浅井健二郎編訳、筑摩書房（ちくま学芸文庫）。

――一九九九『ドイツ悲劇の根源』上・下、浅井健二郎訳、筑摩書房（ちくま学芸文庫）。

マイネッケ、フリードリッヒ　一九六八『世界市民主義と国民国家――ドイツ国民国家発生の研究』第一巻、矢田俊隆訳、岩波書店。

ミル、ジョン・スチュアート　一九四九『論理学体系――論証と帰納』第一巻、大関将一訳、春秋社。

――二〇〇八『ミル自伝』村井章子訳、みすず書房、二〇〇八年。

モーゼス、ステファヌ　二〇〇三『歴史の天使――ローゼンツヴァイク、ベンヤミン、ショーレム』合田正人訳、法政大学出版局。

ラッセル、バートランド　二〇〇七『論理的原子論の哲学』髙村夏輝訳、筑摩書房（ちくま学芸文庫）。

リーグル、アロイス　二〇〇七『現代の記念物崇拝――その特質と起源』尾関幸訳、中央公論美術出版。

ローゼンツヴァイク、フランツ　二〇〇九『救済の星』村岡晋一・細見和之・小須田健訳、みすず書房。

――二〇一一『健康な悟性と病的な悟性』村岡晋一訳、作品社。

――二〇一五『ヘーゲルと国家』村岡晋一・橋本由美子訳、作品社。

――二〇一九a「ユダヤ的思考への手引き」、『新しい思考』村岡晋一・田中直美編訳、法政大学出版局。

――二〇一九b「神についての学」、『新しい思考』村岡晋一・田中直美編訳、法政大学出版局。

――二〇一九c「人間についての学」、『新しい思考』村岡晋一・田中直美編訳、法政大学出版局。

――二〇一九d「「永遠なる者」――メンデルスゾーンと神の名前」、『新しい思考』村岡晋一・田中直美編訳、法政大学出版局。

――二〇一九e「世界についての学」、『新しい思考』村岡晋一・田中直美編訳、法政大学出版局。

ロック、ジョン 一九七二『人間知性論㈠』大槻春彦訳、岩波書店（岩波文庫）。

あとがき

本書は、前著『対話の哲学――ドイツ・ユダヤ思想の隠れた系譜』（講談社選書メチエ、二〇〇八年）のいわば続編にあたる。前著では、おもにローゼンツヴァイクの「対話の哲学」を考察し、それによって、全体性に取りこまれることのない人間関係のありかたをあきらかにしようとした。だが、「対話の哲学」にはあきらかな弱点があった。対話がなりたつためには、対話の相手が私の目の前に居合わせていなければならない。したがって、対話が真の人間関係をはじめて可能にするとしても、それによって成立する人間関係はごく限られた範囲にしかおよばない。共同体がすぐ近くのきわめて親しい人びとでしか可能でないとすれば、そうした共同体はきわめて排他的なものだろう。

だがじっさいには、われわれが生活している共同体の大部分は、われわれが一度も会話したことのない人びとからなりたっている。それどころか、会話を交わしたくてももはや交わすことのできない膨大な数の故人たちからさえなりたっている。すでに述べたように、人類の大部分はいつでも不在なのだ。

「名前」はこうした欠点を補ってくれる。「名前」はその対象の外からやってくるのだから、いつでも「他者」を前提としている。「名前」はその対象が「不在」になっても、いや「不在」になってこそその機能を発揮する。そうした意味で、「名前の哲学」が「対話の哲学」の補完になりうると考えた。そして、独創的な「名前の哲学」を探しているうちに、ヴィトゲンシュタインとローゼンツヴァイクとベンヤミンの「名前論」を見いだした。この三人がそろってユダヤ系ドイツの思想家であることを不思議に思いながら研究を進めるうちに、その理由がヨーロッパに解放された近代ユダヤ人の置かれた状況にあることに気がついた。国民国家の「同化」への圧力をはねのけ、言語を「国語」という選別装置ではなく、共同体に生き、共同体を創出する装置として示すことが、彼らの課題だったのである。国境が全世界を覆いつくすにいたっている現代のわれわれであってみれば、彼らの「名前の哲学」はユダヤ人に限らない普遍的な意義をもつと確信している。

本書の第2章第四節と第3章第一、二節、第3章第三節以下、第4章はそれぞれ次の論文がもとになっている。

「ユダヤ人にとっての「名前」――ユダヤ的固有名論(一)」、『中央大学文学部紀要』第二六二号(二〇一六年二月)、中央大学文学部。
「フランツ・ローゼンツヴァイクの名前論――ユダヤ的固有名論(二)」、『中央大学文学部紀要』第二六七号(二〇一七年二月)、中央大学文学部。
「ヴァルター・ベンヤミンの名前論――ユダヤ的固有名論(三)」、『人文研紀要』第八八号(二〇一七年九月)、中央大学人文科学研究所。

最後に、講談社の編集者である互盛央さんと岡林彩子さんにお礼を申しあげたい。互さんにはこの仕事を快く引き受けていただいただけでなく、本書の構成などについてさまざまな貴重なアドバイスも頂戴した。岡林さんはすでに原稿の段階で拙稿をなんども深く読みこみ、説明の足りないところや論旨に飛躍があるところなどをじつに丁寧に（愛情あふれる鬼教師のように）指摘してくださった。また校閲のみなさんにはじつに精確で行き届いた校正によって原稿のさまざまな誤りや不備を正していただいた。この場を借りて心から感謝します。

二〇一九年十月十日

村岡晋一

村岡晋一（むらおか・しんいち）

一九五二年、熊本県生まれ。中央大学大学院文学研究科博士後期課程中退。現在は中央大学教授。専門はドイツ観念論、ドイツ・ユダヤ思想。

著書に『対話の哲学』、『ドイツ観念論』（以上、講談社選書メチエ）など。

主な訳書にヴィルヘルム・フォン・フンボルト『双数について』（新書館）、エルンスト・カッシーラー『シンボル形式の哲学』第三巻「認識の現象学」上（共訳、岩波書店）、フランツ・ローゼンツヴァイク『救済の星』（共訳、みすず書房）、『新しい思考』（共訳、法政大学出版局）、G・W・F・ヘーゲル『ヘーゲル初期論文集成』（共訳、作品社）など。

名《な》前《まえ》の哲《てつ》学《がく》

二〇二〇年　一月　九日　第一刷発行

著者　村《むら》岡《おか》晋《しん》一《いち》

発行者　渡瀬昌彦

発行所　株式会社　講談社

東京都文京区音羽二丁目一二—二一　〒一一二—八〇〇一

電話（編集）〇三—三九四五—四九六三

（販売）〇三—五三九五—四四一五

（業務）〇三—五三九五—三六一五

装幀者　奥定泰之

本文データ制作　講談社デジタル製作

本文印刷　株式会社　新藤慶昌堂

カバー・表紙印刷　半七写真印刷工業　株式会社

製本所　大口製本印刷　株式会社

ISBN978-4-06-518360-1　Printed in Japan

N.D.C.102　211p　19cm

講談社選書メチエの再出発に際して

講談社選書メチエの創刊は冷戦終結後まもない一九九四年のことである。長く続いた東西対立の終わりはついに世界に平和をもたらすかに思われたが、その期待はすぐに裏切られた。超大国による新たな戦争、吹き荒れる民族主義の嵐……世界は向かうべき道を見失った。そのような時代の中で、書物のもたらす知識が一人一人の指針となることを願って、本選書は刊行された。

それから二五年、世界はさらに大きく変わった。特に知識をめぐる環境は世界史的な変化をこうむったとすら言える。インターネットによる情報化革命は、知識の徹底的な民主化を推し進めた。誰もがどこでも自由に知識を入手でき、自由に知識を発信できる。それは、冷戦終結後に抱いた期待を裏切られた私たちのもとに差した一条の光明でもあった。

その光明は今も消え去ってはいない。しかし、私たちは同時に、知識の民主化が知識の失墜をも生み出すという逆説を生きている。堅く揺るぎない知識も消費されるだけの不確かな情報に埋もれることを余儀なくされ、不確かな情報が人々の憎悪をかき立てる時代が今、訪れている。

この不確かな時代、不確かさが憎悪を生み出す時代にあって必要なのは、一人一人が堅く揺るぎない知識を得、生きていくための道標を得ることである。

フランス語の「メチエ」という言葉は、人が生きていくために必要とする職、経験によって身につけられる技術を意味する。選書メチエは、読者が磨き上げられた経験のもとに紡ぎ出される思索に触れ、生きるための技術と知識を手に入れる機会を提供することを目指している。万人にそのような機会が提供されたとき初めて、知識は真に民主化され、憎悪を乗り越える平和への道が拓けると私たちは固く信ずる。

この宣言をもって、講談社選書メチエ再出発の辞とするものである。

二〇一九年二月　　野間省伸